gutes leben
bene!

ANNIE HEGER

Sei der *Wind*, nicht das *Fähnchen*

Und wenn nicht:
Kurs bestimmen,
Segel setzen!

Inhalt

Am 15. Dezember 2005 um 18:14 Uhr wollte ich nicht mehr leben.

Am 15. Dezember 2005 um 18:19 Uhr wollte ich leben.

Man könnte meinen, dass meine Todessehnsucht wohl nicht besonders groß gewesen sein muss, aber nein, das Gegenteil war der Fall: Mein Wunsch nach Leben war einfach noch größer.

Ich bin ein sehr effizient denkender Mensch; ja, ich bin es sogar während einer schweren Depression und akuter Lebensmüdigkeit.

In fünf Minuten zog mein 22-jähriges Leben an meinem inneren Auge vorbei. Es fühlte sich an wie das Leben eines betagten, gebrechlichen Kriegsrückkehrers, der bisher seine Traumata verschwiegen hat und nun endlich rauswill aus Schutt und Asche. All dem, was sich in vielen Jahren auf seine Seele gelegt hat. Das klingt vielleicht für dich pathetisch und ist auch dramatischer, als ich es damals hätte zugeben wollen – doch ganz ehrlich, es fehlte nur noch die Musik von *Forrest Gump*, um die Situation noch übertrieben bedeutungsvoller zu machen – aber es war still.

Ich habe in diesen elendig langen, gleichwohl entscheidenden fünf Minuten nicht herausgefunden, was die Welt und vor allen Dingen mich im Innersten zusammenhält. Doch ich bekam eine nebulöse Vorstellung davon, was das Fundament und die Säulen in meinem Leben sind, die mich auch als morsche und brüchige Ruine tragen. Und die Farbe auf der rissigen Fassade, die musste runter. So viel stand fest.

Was war vorher passiert? Rewind auf 18:10 Uhr.

Ich saß in einem Scheißhaufen aus Liebeskummer, Zukunftsangst und einer schon lange nicht mehr funktionierenden Insulinpumpe, die ich nur noch als Attrappe für die Außenwelt am Bauch trug, da ich ja niemandem Sorgen bereiten wollte, schon gar nicht mir selbst, in meinem Hamburger WG-Zimmer auf meinem mit rotem Cord bezogenen IKEA-Ektorp-Sofa. Im Fernsehen lief eine Doppelfolge *Gilmore Girls*.

Es war der Tag, die Stunde, die Minute, in der meine Gedanken aufhörten zu kreisen. Das erste Mal seit langer Zeit lag ich nicht im Bett, sondern hatte mich einigermaßen würdevoll und aufrecht auf das schwedische Sitzmöbel bewegt. Ich trug Sportklamotten; nicht weil ich endlich entschieden hatte, vor die Tür zu gehen, meinen Körper der frischen Luft auszusetzen und einen weiteren Weg als bis zum Plus-Markt um die Ecke hinter mich zu legen. Nein, ich trug diese Klamotten seit einer geraumen Zeit. Einer längst – aus sämtlichen Perspektiven betrachtet – unangemessen langen Zeit. Sportklamotten zu tragen fühlte sich manchmal und dann auch nur recht kurzfristig so an, als hätte ich mein Leben noch im Griff. Die Leggings waren eng, und ich spürte meinen Körper, zu dem ich schon lange den Kontakt eingestellt hatte, es herrschte Funkstille zwischen uns.

Meine Gedanken überschlugen sich in ihrer Trägheit. Heute wollte ich sie nicht einfach verdrängen oder wegschlafen wie in den letzten Monaten.

Mir war klar: Nichts auf dieser Welt kann mich glücklich machen! Es könnte das Schönste auf der Welt passieren und es würde mich nicht aus dieser elenden Melancholie und Müdigkeit herausholen. Ich war gefühlstaub und panisch-traurig zugleich; auf der einen Seite feinsinnig und empfindlich und auf der anderen leer und lethargisch. Ich musste mich auf jeden Atemzug konzentrieren, damit ich ihn überhaupt machte.

»Annie, dann kann es auch jetzt aufhören. Das ist kein Leben, und das müssen wir nicht weiter in die Länge ziehen«, dachte ich altklug und sprach diese Gedanken von oben herab zu mir selbst.

Und dann stellte ich mir noch eine letzte Frage:

»Was will ich noch erleben, bevor ich dann alles beende?«

»If you're out on the road, feeling lonely and so cold …« Die Anfangsmelodie der zweiten *Gilmore Girls*-Folge hallte durch mein Zimmer. Okay, sie hallte nicht wirklich, denn dafür waren die Staubschicht auf den Möbeln und die Wäscheberge auf dem Boden zu hoch. Aber das Lied hallte in mir: »All you have to do is call my name and I'll be there …«

Mein ganzer Körper glühte, als hätte ich heiße Kohlen verschlungen.

Wo ist die Reißleine?!

Ich rief meine Mama an.

Ahoi

Was ist denn hier los? Donnerwetter! Dramatischer kann ein Buch kaum beginnen. Doch wenn die Stimmung schon zu Beginn so richtig im Eimer ist, kann es ja nur besser werden. Welch ein Glück! Denn dieses Buch sollte doch vor allem optimistisch, zuversichtlich, hoffnungsvoll und obendrein noch lustig werden! So kennt man mich doch schließlich. Auch das Sprungfoto auf dem Buchcover verspricht ja genau das – vielleicht hast du deswegen danach gegriffen, weil du dir von dem, was ich schreibe, ein wenig Leichtigkeit und kraftvolle Impulse erhoffst. Aber: *Don't judge a book by its cover!*

Denn nun bist du gleich auf den ersten Seiten im schlimmsten Moment meiner Depression gelandet.

Warum beginne ich überhaupt an diesem 15. Dezember und laufe deswegen Gefahr, dass dir das alles zu viel wird und du das Buch gleich wieder weglegst? Vielleicht denkst du insgeheim gerade, dass es besser gewesen wäre, das Buch zunächst nur ganz vorsichtig zu öffnen und reinzuluppern, ob es die Erwartungen erfüllt. Gerade so weit, dass der Buchrücken keinen Knick bekommt und das Ganze noch neu aussieht, damit du das Buch einer Freundin oder einem Freund zum Geburtstag schenken kannst, zu dem du nach Jahren unverhofft eingeladen worden bist, weil ihr letztens zufällig an der Kasse einer Drogerie unangenehm lange hintereinander in der Schlange gestanden habt.

Beim Schreiben wurde mir schnell klar, dass das Eine nicht ohne das Andere geht. Es braucht gerade auch die düsteren Momente und die Verzweiflung. Denn Zuversicht schöpft sich eben nicht nur aus dem Guten, sondern offenbart sich meist erst in Gänze in psychodramatischen Situationen und gefährlicher Bodennähe. Ganz kurz bevor wir im freien Fall irgendwo hart aufschlagen. Der nötige Tiefsinn entsteht oft erst durch eine existenzielle Krise. Ich wünschte, es wäre nicht so. Paradoxerweise wächst dadurch oft gleichzeitig die nötige Leichtigkeit, die wir brauchen, um das Leben bei den Hörnern zu packen und mit dem Schlamassel, in dem wir gerade stecken, klarzukommen.

Meine große, liebevolle, wunderschöne und auch oft kummervolle Mama sagte einmal, als ich vor ein paar Jahren gerade in dem ganzen Drama meines wirren Lebens und der Lebensmüdigkeit feststeckte, zu mir:

»Dabei hast du dich als Kind doch so gut entwickelt.«

Das saß. Ich wusste, was sie damit meinte – auch wenn der Satz sich wie ein schwerer Unfall liest, den man immer wieder anschauen muss.

Als Kind lief ich schnell, sprach gut, schloss im Handumdrehen Freundschaften, las sehr viel eher als Gleichaltrige, war gut im Turnen, immer freundlich, musikalisch, hatte eine schöne Stimme. Wurde krank, richtig maßlos in allem, war oftmals schrecklich laut und unbeherrscht, so einsam. Und ich wurde so unendlich traurig.

Der 15. Dezember war der Tag, an dem alles ans Licht kam. Der ganze Mist! Es gab keine Heimlichkeiten mehr. Und es war bitter. Aber ich merkte gleichzeitig: Da war noch was! Etwas, das ich unbedingt erleben sollte. Da war noch etwas, von dem ich ahnte: Das ist das Beste, was mir passieren kann.

Auf den folgenden Seiten geht es um vieles, was mir damals klar geworden ist. Manches hat sich mir aber auch erst sehr viel später offenbart.

Es wird vielleicht sogar auch ein bisschen fromm.

Jedoch keine Angst, hier ist Heiliger-Bogen-freie Zone! Ich versuche nicht, nur weil ich mich selbst zur Küchentheologin ernannt habe, von einem Ratatouille die Heilige Dreifaltigkeit abzuleiten oder mit einer Szene aus *Harry Potter* die Transsubstantiationslehre zu erklären.

Es geht in diesem Buch nicht nur um einen guten Umgang mit sich selbst (das habe ich mühsam lernen müssen), sondern auch um viele Themen, die mich und andere gerade umtreiben. So ist es auch ein wenig eine Anleitung zum Weltverändern unter der Berücksichtigung der kraftgebenden Säulen im Leben, sodass wir uns dabei nicht verlieren, nicht müde und verbittert werden und unsere radikale Zuversicht bewahren. Diese Welt braucht uns! Lange Sätze kann ich ;)

Wie können wir selbst der Wind der Veränderung sein? Was gibt uns dabei Orientierung, was ist unser Kompass? Wie setzen wir das Segel richtig, wenn der Wind eisig von vorne bläst – und wie bleiben wir trotzdem auf Kurs? Und schließlich: Wo können wir ankern, um Kraft für den weiteren Weg zu tanken?

Ich erzähle dir von dem, was mich selbst auf Kurs hält, wofür mein aktivistisches Herz schlägt und auch von den Momenten, in denen ich mich mal wieder völlig in der Takelage verheddere.

Schöner scheitern

Noch nie war ich in einem sozialversicherungspflichtigen Angestelltenverhältnis.

Und das ist auch gut so!

Mit zwölf Jahren hatte ich nur eine Verpflichtung: einmal in der Woche den Knöterich im Garten zu schneiden, dafür bekam ich fünf Mark.

Allein der Gedanke an diese gebotene Regelmäßigkeit hat mich in eine schwere Teilnahmslosigkeit oder wahlweise in einen obsessiven Sortierwahn meiner exorbitant exquisiten Hörspielkassettensammlung fallen lassen. Keine fünf Mark konnten das ändern. Die Lehre, die ich daraus zog, war wertvoll:

Die Sache mit dem Geld ist okay, wenn man sein Essen noch nicht selbst verdienen und keine Steuererklärungen machen muss. Und kein Geld der Welt würde mich jemals dazu bringen, regelmäßig Knöterich zu schneiden.

Die Kehrseite der Medaille: Ich weiß bis heute nicht, was ich in das erste Feld nach meinem Namen und dem Geburtsdatum auf den Anamnesebogen schreiben soll, wenn ich mich irgendwo in einer Praxis als Neupatientin vorstelle.

Was ist mein Beruf?

Alles, was mir im Leben wichtig ist, was mir Freude macht oder in mir dringlich brennt, habe ich zu meinem Job gemacht. Und somit bin ich Plattdeutsch-Aktivistin, professionelle Fragestellerin, Labertasche, Klassenclown, Hupfdohle, Musikerin, Berufslesbe und Wiesnöös – ein Naseweis, ein/e Klugscheißer*in. Die einzige große Leidenschaft, die ich nicht zum Beruf gemacht habe, ist das Kochen. Und es war verdammt knapp, dass es nicht dazu gekommen ist. Fast wäre ich doch über den Töpfen und am Kochlöffel gelandet. Ich hab gerade noch einmal die Kurve gekriegt und mir so einen letzten Ruheort bewahrt. Die Hobbys, Betroffenheiten und Dringlichkeiten zum Beruf zu machen bedeutet nämlich auch, dass eigentlich alles, was ich so tue, Arbeit ist. Aber wenn etwas Spaß macht, dann fühlt es sich nicht nach Arbeit an? Mit Verlaub: Das ist Bockmist!

> Moabiter Kissen sind quer zur Fahrtrichtung angeordnete bauliche Erhebungen auf der Fahrbahn, die zu einer Geschwindigkeitsdämpfung führen und damit zur Verkehrsberuhigung beitragen sollen. Diese kissenartige Bremsschwelle wird oft auch Berliner Kissen genannt.
> (Wikipedia)

Seit elf Jahren wohne ich in Moabit, Berlin. Ich kenne mich also mit Bremsschwellen aus. Meine Straße ist voll davon. Die Straße, in der ich wohne, ist die Verbildlichung meines ganzen Lebens. Dabei hießen diese Tempohemmschwellen für mich bislang jedoch nicht Moabiter Kissen, sondern Diabetes, Depression, mangelnde Zertifikate, Barrieren, Krankenhausaufenthalte und männlich dominierter Klüngel.

Mein Wikipedia-Eintrag liest sich für manch einen wie eine Biografie des Scheiterns. Und ganz ehrlich, da steht nur ein Bruchteil dessen, aus dem sich kein repräsentabler Lebenslauf basteln lässt. Und das »Warum«, die ganze Zerrissenheit, die Fragen, wo die Reise hingehen soll, das steht da nicht drin.

Ja, ich gebe zu, mein Weg ist ungefähr so gradlinig wie der einer Katze, die versucht, den tanzenden Punkt eines Laserpointers zu jagen. Und da das kein Weg ist, den wir als Gesellschaft gemeinsam als erstrebenswert akzeptiert haben, war es für mich kein leichtes Unterfangen, mich abseits eines linearen Karrierepfads zu behaupten. Und zwar zu keinem Zeitpunkt. Bis heute.

Ich bin ja nun mal eigentlich beruflich auch lustig, daher hier kurz die Pointe vorweg: Bis heute habe ich keinen Berufsabschluss!

Eltern ziehen panisch ihre Kinder weg von mir, aus Angst, ihr hoffnungsvoller Nachwuchs könnte Gefallen an meinem Lebensweg finden. Weil ich mit meinen vierzig Jahren bauchfrei und mit Cappy auf dem Kopf vor ihnen sitze und so viel cooler als ihre Eltern bin, aus dem einzigen Grund, weil ich eben einfach nicht ihre Eltern bin. Doch liebe Grüße an alle erziehungsberechtigten Leser*innen:

Keine Sorge! Entwarnung! Ich bin nicht auf Mission für Ausbildungs- und Studienabbrüche.

Das war *mein* Weg. Vielleicht könnte es auch der eurer Kinder sein, doch das müssen die ganz allein herausfinden. Es geht darum, den eigenen Weg zu finden, sich dabei mitzunehmen und im Blick zu haben.

Nie hatte ich ein berufliches Ziel, zumindest kein ernst zu nehmendes. Als ich sieben Jahre alt war, wollte ich Tänzerin im Zirkus werden, und fand mich mit dreizehn zu alt, um noch als Wunderkind oder Kinderstar entdeckt zu werden. Danach kam lange nichts, keine wirklichen beruflichen Wünsche, denn ich war ja nicht bei bester Gesundheit. Allein zwischen dem 19. und 23. Lebensjahr war ich fünfzehnmal stationär im Krankenhaus, zweimal davon länger als drei Monate. Ganz ehrlich, ich dachte, ich müsste auch nicht wissen, was ich mal werde, wenn ich groß bin – denn so wie es aussieht, werde ich gar nicht groß. »Ich werde höchstens zweiundzwanzig«, das habe ich immer gedacht.

Ich wurde zweiundzwanzig. Und ich lebte. Völlig unvorbereitet auf dieses Leben. Ohne Ziele, ohne Wünsche, ohne Träume stand ich da.

Die Frage, wer oder was ich mal sein will, wenn ich mal groß bin, war für mich immer ein Spiel gewesen. Und jetzt sollte ich mich für nur eine Sache, einen Beruf entscheiden. Und diesen dann in einer mindestens dreijährigen Ausbildung oder einem mehrjährigen Studium erlernen. Damit habe ich mich so schwergetan. Es fühlte sich für mein doch nur auf eine Lebenskurzstrecke ausgelegtes Hirn an wie eine verschwendete Ewigkeit.

Und so habe ich dann ohne Masterplan zu allem Ja gesagt, wo mich das Schicksal so hinstellte. Wirklich zu allem. Ich habe mal in einem verlassenen, unterirdischen Hilfskrankenhaus in einer Bunkeranlage in Oldenburg bei einer Theaterdarbietung Schulungen »performt«, wie man sich im Falle eines Atombombenangriffs richtig verhält. Am Ende habe ich immer auf einen roten Buzzer gehauen, wie in einer TV-Spielshow, sodass der ohrenbetäubende Krach einer Atombombe durch die Lautsprecher dröhnte. Den ein oder anderen Besucher musste ich danach unter den in meinem Raum aufgebauten Feldbetten suchen. Es gab damals keine Triggerwarnung für kriegstraumatisierte Menschen. In dem Raum neben mir wurde eine »Lobotomie« tanzperformt.

Zurück zu meinen *Jas*. Es gibt immer nur zwei Möglichkeiten: an der Aufgabe und Situation zerbrechen oder daran wachsen.

Das berufliche Wasser, in das ich gesprungen bin, war manchmal bitterkalt. Überfordert zu sein und die Angst zu versagen stand immer auf der Tagesordnung. Da gibt es sehr viele Dööntjes, kurze lustige Geschichten, über die ich heute zum Glück lachen kann. Ich habe eine große Schatztruhe, aus der ich den ein oder anderen Schwank schöpfen kann, um auf jedem noch so steifen Stehempfang das Stimmungsruder herumzureißen.

Rückblickend weiß ich gar nicht, was damals mein Motor war, derart waghalsige Köpper ins Leben hineinzuwagen. Schließlich musste meine Klasse bei der Prüfung für das Fahrtenschwimmer-Abzeichen geschlagene zehn Minuten hinter mir warten, bis ich endlich den Sprung vom Dreimeterbrett gewagt habe.

Wollte ich mir also etwas beweisen? Oder war es wirklich Mut, gewürzt mit dem Leichtsinn eines jungen Herzens und einer kleinen Portion Größenwahn? Eine exorbitant große Freude am Risiko?

Mittlerweile weiß ich ein bisschen besser, was ich kann, und habe eine Liste zum Hervorholen, wenn das Impostor-Syndrom wieder hart reinkickt und ich das Gefühl habe, als Hochstaplerin entlarvt zu werden – ja, tatsächlich so eine Selbstlobhudelei-Liste. Genauso habe ich aber auch eine Liste, auf der meine absoluten persönlichen Waterloo-Erlebnisse stehen. Momente des absoluten Gesichtsverlusts. Situationen, in denen die Discokugel im Saal peinlich berührt errötete und sich die Moderatorin des Abends nicht bei mir verabschiedet hat, weil sie nicht wusste, was sie zu mir sagen soll. Ich kann von jetzt auf gleich dieses Gefühl in mir hochholen, auf der Bühne zu stehen und zu denken: Gehe ich einfach während des Auftritts von der Bühne oder bleibe ich hier jetzt stehen und ziehe die Schmach, diese Blamage bis zum bitteren Ende durch?

Es waren Abende, die manchmal mit viel Alkohol endeten, um die Peinlichkeit und beschämende Selbstdemütigung wenigstens bis zum Besuch des von einem anderen Stern stammenden Katers am nächsten Morgen zu verdrängen.

Mein Freund und Kollege Yared Dibaba hat vor gar nicht langer Zeit zu mir gesagt: »Sei freundlich zu dir.« Freundlich zu sich sein heißt, sich selbst nicht fertigzumachen, weil man Ansprüchen anderer nicht entspricht.

Freundlich zu sich sein heißt auch, irgendwann nicht mehr zu allem Ja zu sagen, sondern zu wissen, ob die Kapazitäten, Kompetenzen, der Bock, die Begeisterung und die Leidenschaft dafür reichen.

Wenn es heute um Erziehung geht, sprechen ja viele von Bedürfnisorientiertheit. Dabei geht es darum, die Empfindungen eines Kindes zu berücksichtigen und zu respektieren und nicht autoritär Regeln über die emotionalen, körperlichen und psychologischen Bedürfnisse zu stellen. Und das alles, um am Ende eine liebevolle Beziehung zu fördern. Sollten wir diesen Weg nicht genau so auch mit uns selbst gehen?

Freundlich zu sich selbst sein und bockorientiert* durchs Leben gehen bedeutet nicht, jeden Tag aufzustehen und zuerst in sich hineinzufühlen, wie man seine Bedürfnisse für sich, aber gleichzeitig verantwortungslos für andere einfordern kann. Es geht darum, wie du deine augenblicklichen Bedürfnisse mit deinen Träumen, Wünschen und Zielen grundsätzlich unter einen Hut bekommst.

* »Liebe Kirchenrebellen«, Chris und Max, hier ist eure Fußnote.

Heute weiß ich: Träume, Wünsche und Ziele sind im Bestfall ein und dasselbe.

Papa hat mir in der Zeit meiner beruflichen Orientierungslosigkeit oft gesagt:

»Mach was Vernünftiges, studiere Musik … sonst wirst du nicht glücklich.«

Sicherlich ist dies nicht das, was andere Väter zu ihren Kindern sagen. Mein Papa ist anders als andere Papas. Sehr anders. Papa hat sich zum Beispiel mal eine knallrote Punkfrisur färben lassen, als er merkte, dass man nun sieht, dass er sich die langsam ergrauenden Haare dunkel tönt. Wenn ich Papa nach jemandem frage, beispielsweise ob er die Sängerin Rihanna kennt, dann antwortet er meist so etwas wie: »Nö, aber vielleicht kennt die mich.« Papa hat eine meiner Schwestern mal ein Jahr glauben lassen, er würde Helmut mit Zweitnamen heißen. Wenn man mit ihm durch die Fußgängerzone geht, dann kann es sein, dass er sich einfach neben einen Straßenmusiker stellt und mitmusiziert, mit was auch immer ihm gerade als Instrument zur Verfügung steht. Eine Spielzeugtrompete, seine Stimme oder die Füße, mit denen er anfängt zu steppen. Papa ist niemand für halbe Sachen. Im Gegenteil, er setzt immer noch einen drauf und meistens außerhalb der gesellschaftlichen Konventionen.

Irgendwann habe ich Papa mal aus dem Krankenhaus angerufen, als ich wusste, dass ich bald entlassen werde. Doch was dann …?

»Aber Papa, ich muss doch etwas werden!«

Er sagte dann nur:

»Aber du bist doch schon wer!«

Was für ein Satz: »Ich bin wer.«

Damals im Krankenhaus beschloss ich: Ich. Bin. Künstlerin.

Trotzdem kann es sein, dass ich zuweilen vergesse, dass ich

wer bin. Als ich vor einigen Jahren als Referentin für ein medizinisches Symposium angefragt war und meinen akademischen Lebenslauf einreichen sollte, war ich entsetzt. Oh Hilfe, diese Auflistung kann ich denen doch nicht schicken! Wie unangenehm.

Ich habe es bis zur letzten Minute hinausgezögert, dann aber irgendwann gedacht: »Moment, Papa hat damals schon gesagt: ›Aber du bist doch wer!‹.«

Ich bin. Und deswegen habe ich dann all meinen Mut zusammengenommen und den Veranstalter*innen *keinen* Lebenslauf geschickt, sondern den BIN-Zustand. Am Ende des Textes habe ich geschrieben: »Wenn Sie jetzt wirklich noch der Weg dahin interessiert, dann kann ich Ihnen auch nicht helfen.«

Mir hat es in meinem Leben immer wieder geholfen zu wissen, dass ich *bin* und gleichzeitig auch immer noch *werde.*

In Zeiten der absoluten Unsicherheit, wo es für mich beruflich hingehen kann, bin ich in mein erstes Ehrenamt gestolpert. Und das in einem aktivistischen Umfeld beim CSD Nordwest e. V.

Welch ein Segen, was für eine Spielwiese für mich! Ich konnte Verantwortung übernehmen, meine Talente ausprobieren und austarieren, ich habe mich gebraucht und wertgeschätzt gefühlt.

Das Ehrenamt hat mir Türen geöffnet und sprichwörtlich Bühnen und Publikum geboten. Während der Zeit beim CSD Nordwest e. V. habe ich vieles gelernt: Texte schreiben, Pläne machen von Plan A bis Plan Z, Veranstaltungskalkulationen jonglieren, mit Menschen so kommunizieren, dass sie gerne etwas für mich und die Sache tun, mit Politiker*innen gleichermaßen auf Augenhöhe diskutieren und feiern – und vor allen Dingen moderieren. Dafür bin ich am dankbarsten. Ich darf Menschen Fragen stellen, auf die ich selbst die Antworten nicht weiß.

Kommen wir zu dem rosa Elefanten im Raum, über den wir reden müssen:

Frau sein ist oft noch ein Hindernis. Oder besser: Kein heterosexueller Cis-Mann zu sein führt dazu, dass es immer wieder Wände einzurennen gilt. Sicherlich, es hat sich in den letzten Jahren vieles getan. Ich bin dennoch immer wieder erschrocken darüber, dass ich als jemand, der sich doch nun wirklich mehr als ein Seepferdchen auf dem beruflichen Parkett erschwommen hat, in einen schweren Fall von Mansplaining gerate. Oder dass mir geschäftliche Türen verschlossen bleiben, nur weil ich eine Frau bin. *Menners!* Ihr braucht mir nicht meine Welt aus eurer Sicht zu erklären! Ich brauche auch keine kostenlose Vorlesung, die vor Halbwissen strotzt, ich will kein Fisch sein, der so tut, als könne er nicht schwimmen, damit ihr euch relevant und gebraucht fühlt.

Und für alle anderen: Seid nicht dankbar für diese Hürden, Schranken und Wände, weil ihr eventuell denkt, dass ihr ja nur durch den Kampf dagegen und die Überwindung so stark geworden seid.

Wir müssen nicht in allem das Positive sehen. Wir dürfen wütend sein über Ungleichbehandlung, Ungerechtigkeiten, Vorurteile, Klischeedenken, sexistische Witze und Hände, die ungefragt auf unseren Hintern landen.

Zurück zu den Moabiter Kissen in meiner Straße: Ja, vielleicht hat am Ende alles so sein sollen, denn sonst wäre ich jetzt nicht da, wo ich bin. Aber ganz ehrlich, ich hätte mir ein paar weniger »Speedbumps« gewünscht. Und manche sind ja auch heute noch da. Einige werde ich mit Sicherheit nicht beseitigen können, sie bleiben. Doch im Gegensatz zu einer simplen Bodenschwelle werden mit dem Begriff »Moabiter Kissen« Bremsschwellen bezeichnet, die von Radfahrer*innen über- beziehungsweise umfahren werden können, weil links und rechts davon etwas Platz ist. Es kommt bei diesen Hindernissen darauf an, mit welchem Vehikel man unterwegs ist. Es lohnt vielleicht, vom normalerweise schnelleren Auto einfach mal aufs Rad umzusteigen, weil man die Bremsschwellen dann elegant umkurven kann. Oder langsam zu machen, wenn man das Auto nimmt, damit der Unterboden nicht auf die erhöhten Steine schlägt. Ganz wörtlich und überhaupt nicht metaphorisch gemeint bin ich natürlich für ein Tempolimit, weil wir damit viel Sprit und Stress sparen können. Aber auf der Lebensautobahn sollte sich niemand von anderen sagen lassen, dass er zu schnell unterwegs ist, zu viel vom Leben will. Und auch nicht, wann und wie wir ein Ziel erreichen können oder sollen.

Sollte ein Hindernis in deinem Leben auftauchen, atme gerne einmal tief durch, aber lass dich nicht ausbremsen.

Prost! Äh … Amen!

Berührt

Wenn du nachts um halbe drei mit einem Glas Wein in der Hand und einer Adele-Playlist auf den Ohren alleine auf dem Sofa sitzt und Handyfotos von Verflossenen anschaust, ist es nicht verwunderlich, wenn du in einem Tränenmeer versinkst. Das ist auch dir vielleicht schon einmal passiert. Vielleicht war es statt Wein in deinem Fall ein Whiskey, und statt Adele lief möglicherweise Musik von Klaus Hoffmann. *Let yourself feel it all* – manches ist so richtig zum Heulen, ein Ausflug zum Seelenabgrund mit Anlauf und der Absicht zum Köpper, hinein in die Untiefen der vielen kleinen und großen unverarbeiteten Enttäuschungen.

Untiefen, die man tagsüber und unalkoholisiert wunderbar umschiffen kann, sind zu nächtlicher Stunde scheinbar unvermeidlich. Noch dazu mit promillevernebeltem Blick, während Adeles Stimme für mich klingt, als wäre sie die Jungfrau vom Loreley-Felsen, die mit ihrem Gesang die vorbeiziehenden Schiffer derart umgarnt, dass sie auf Grund zu laufen drohen. Da wünscht man sich rechtzeitig ein paar Leuchtfeuer, Fanale, die die Untiefen markieren. Zur Orientierung, zur Warnung, um nicht völlig abzudriften.

Doch ganz ehrlich: Ich liebe Menschen, die vor Sensibilität nur so triefen. Ich liebe feuchte Augen, bebende Herzen, zitternde Stimmen, schmerzhaftes Ziehen im Bauch und weiche Knie. Was für ein Wonne, tief fühlen zu können.

Ich selbst bin eine große Liebhaberin und Verfechterin des Weinens. Geradezu ein Flenn-Fan. Und ich gebe zu, ich kann mein eigenes Weinen auch kaum steuern. Deswegen weine ich auch ständig und überall. Wir nennen es im engeren Eingeweihtenkreis inzwischen »öffentlich-rechtliches Heulen mit Annie Heger«.

Das Ganze hat vermutlich biografische Wurzeln. Ich komme aus einer Wein-Familie. Schon mein Opa hat unentwegt geweint. Meine ganze Familie weint ständig, wir sind sehr nah am Wasser gebaut. Und das nicht nur sprichwörtlich, weil »mien Volke Huus« – das Haus meiner Familie – direkt am ostfriesischen Kanal stand. Wir weinen wegen Geschichten und Situationen, die uns berühren. Ich erinnere mich genau an die Momente, wenn Opas Nasenflügel angefangen haben, unkontrolliert zu zittern – dann wusste ich, jetzt geht es gleich los. Seine Stimme wurde auf einmal ganz dünn, die Augen füllten sich mit Tränen, und er holte das Stofftaschentuch aus der Hosentasche. Ich habe es geliebt und bin regelrecht stolz, so einen überempfindsamen Großvater zu haben.

Weinen ist toll. Weinen bringt mich in Balance. Es reguliert in mir sämtliche Emotionen und körperliche Befindlichkeiten. In der Schule stand mir meine empfindsame Art eher im Weg, weil ich manch einer Rüge einer Lehrkraft nicht standhalten konnte. Und die Frequenz der Rügen wuchs proportional mit jedem weiteren Schuljahr. Mein nicht zu kontrollierendes Weinen hat mich früher oft verstummen lassen, und ich habe mich auch erst wieder getraut, meinem Gegenüber etwas zu erwidern, wenn meine Stimme wieder einigermaßen fest war. Darüber bin ich glücklicherweise hinweg. Heute rede ich in solchen Situationen einfach weiter, trotz der Tränen und der brüchigen Stimme. Menschen dürfen sehen, dass mich etwas emotional überwältigt. Deswegen weine ich manchmal auch auf der Bühne oder mitten in einem Fernsehinterview. Ich bin dadurch nicht weniger souverän – im Gegenteil. Dass einige Menschen in solchen Momenten verunsichert sind, kann ich dennoch gut verstehen. Unser gesellschaftliches Gefüge zwingt uns oft dazu, Emotionen zurückzuhalten, möglichst keine Regung zu zeigen. Eben nicht loszuheulen, wenn wir von etwas berührt sind – aber auch uns nicht zu stark über etwas zu freuen. Zwischen den kulturell üblichen Regeln der Beherrschung und unserer eigenen Verletzlichkeit fühlen wir uns dann innerlich zerrissen. Und wir haben Angst vor dem Stigma der hypersensiblen Heulsuse, das uns anhaften könnte. Oder dass unsere überschwängliche Freude vielleicht auch Unbehagen, gar Missgunst bei unserem Gegenüber auslösen könnte. Und deswegen sage ich auch ganz schnell, wenn es so weit ist, warum ich Luftsprünge mache oder die Tränen fließen.

Lassen wir es nicht zu, dass uns etwas berührt, entsetzlich traurig oder Angst macht, dann versagen wir uns auch das große Gefühl von Glück.

Und ich kann halt richtig dolle fühlen: Freude, Trauer, Stolz, Angst, Reue, Liebe, Enttäuschung, Verantwortung.

Das kann ein großer Segen sein. Und zugleich ein Fluch.

Neulich war mal wieder einer dieser Tage, an denen ich aus dem Hinterhalt von einer Anfeindung erwischt wurde – und das aus heiterem Himmel. Ich war wirklich heiter, als sich mein Mailpostfach hinterlistig mit Leserbriefen füllte, kurz nachdem ich morgens die Augen geöffnet hatte. Es waren Reaktionen auf meine wöchentliche Kolumne in einer Tageszeitung. An diesem Montag war es eine aus meiner Sicht weltumarmende und so richtig harmlose Kolumne gewesen. Ich hatte nicht vorsätzlich (oder naiv) in gesellschaftsrelevante

Wespennester gestochen. Dennoch hagelte es jetzt Kritik. Fassungslos las ich, an der Küchenzeile lehnend und mit einer Tasse Kaffee in der einen Hand, die Worte, die jemand bereits um 7:46 Uhr an mich geschickt hatte. Keine netten Worte. Eher eine Kaskade von Tiefschlägen …

Ich fühlte mich falsch verstanden, nicht gehört und zu Unrecht angegriffen. Und ich wollte einfach nur noch ins sichere Bett zurück, die Decke über den Kopf ziehen und alles verschlafen in einer anderen, traumschönen Welt.

Den ganzen Tag bekam ich den Kloß im Hals nicht los.

Immer wieder bekomme ich solche Nachrichten voller Hass, Hetze, Häme. Unfreundliche Anfeindungen von Menschen, die schlicht eine andere Meinung haben als ich. Wenn ich so etwas dann öffentlich mache, um meinen Frust zu teilen, erreichen mich auf Facebook Kommentare wie dieser: »Darfste dich nicht wundern, wenn du dich nach draußen begibst, dann musst du doch damit rechnen, dass dir was entgegenweht.«

Aber ich kann nicht immer wieder als Angriffsfläche für die üblen Schmähungen anderer dienen. Projektionsfläche für all das, was Menschen ablehnen, kritisieren und überdies hassen.

»Du brauchst ein dickeres Fell, wenn du das weitermachen willst«, sagte meine Freundin und nahm mich in den Arm.

In diesem Moment habe ich mir das selbst total intensiv gewünscht: einen dicken Pelz, an dem alles abprallt. Doch beim In-mich-Hineinfühlen merke ich auch immer wieder, dass ich mich eigentlich ganz lieb habe, so mit meiner dünnen Haut.

Denn dies hilft dabei, für manches Wichtige empfindsam und empfänglich zu sein.

An diesem Morgen verkroch ich mich nicht ins Bett, sondern beschloss, mich mit der Situation, so wie sie war, in irgendeiner Form zu arrangieren. Es half ja auch nichts, sich zu verkriechen, nur weil mich irgendwelche Menschen, die ich nicht kannte, beschimpften.

Kurze Zeit später stand ich zum Hirn- und Herzauslüften auf der Straße vor unserem Haus. In der einen Hand hielt ich ein Colaglas, bis an den Rand gefüllt mit Crémant, und in der anderen eine brennende Zigarette.

Auf einmal leuchtete auf dem Display meines Handys der Name »Chris« auf. Nach einem kurzen Abräuspern meiner Unsicherheit, dem übertriebenen Weltschmerz, lächerlichem Selbstmitleid und dem Nikotin der letzten drei Züge an meiner Marlboro nahm ich ab.

»Ich hab gehört, dir geht's nicht gut, ich dachte, ich rufe mal an und wir reden darüber, warum das so ist.«

Die Frage fühlte sich an wie der langersehnte Rettungsring, nach dem ich mich bislang abgestrampelt hatte, ohne auch nur einen Meter weiter ans emotional sichere Land zu kommen. Ich griff zu und breitete das ganze Drama in allen Akten dieses noch so jungen Tages vor Chris aus.

Nachdem ich das Gefühl hatte, jetzt umfassend meinen Unmut und alle Enttäuschung dargelegt zu haben, sagte er: »Behalte deine dünne Haut. Doch schaff dir eine Rüstung an, die du in solchen Situationen tragen kannst.«

Wie schwer das Geröll war, das in diesem Moment als Lawine von mir rollte, kann ich kaum in Worte fassen. Ich darf so bleiben, wie ich mich lieb habe, in aller gebotenen Zerbrechlichkeit. Damit ich aber nicht an den oft unbedacht gegen mich abgeschossenen Pfeilen zerbreche, muss ich mich vor Verletzungen schützen.

Wie die Beschaffenheit einer solchen »Rüstung« sein muss, aus welchen Entscheidungen, welchem Mindset sie besteht, muss jede und jeder für sich herausfinden. Ob sie vielleicht auch mit Ritualen wie einem Gebet oder einer reinigenden

Dusche verbunden ist – oder dem kurzen Griff nach einer um den Hals hängenden Kette mit einem Kreuz.

Eine der größten Herausforderungen für mich bleibt weiterhin, dass ich lernen muss, wann ich »meine Rüstung« an- und später wieder ausziehe. Das Timing ist essenziell. Den richtigen Moment verpasse ich leider oft um eine Sekunde oder ein Wort. Doch allein zu wissen, dass es eine Rüstung gibt, mit der ich mich schützen kann, gibt mir schon Kraft.

In meiner Vorstellung trage ich nicht nur eine Rüstung, sondern habe auch noch ein Kampfross. Einen stolzen und mutigen, muskelbepackten Rappen, der mich und meinen schwer gepanzerten Körper im gestreckten Galopp aus allen brenzligen Situationen wegträgt. Manchmal brauche ich, um von ihm abzusteigen und die Rüstung wieder auszuziehen, auch Unterstützung. Helfende, vertraute Hände, die wissen, was sie tun. Ich bekomme die Rüstung auch deshalb schlecht alleine wieder aus, weil ich jemanden brauche, der mir sagt, dass es jetzt vorbei ist und ich sicher bin.

Meine Rüstung ist nicht besonders bequem, und ich bin froh, wenn ich sie ausziehen kann. Auch weil ich mich mit dieser abperlenden Teflonbeschichtung nicht gerne sehen mag.

*

Kurz vor der dem Beginn der Coronapandemie im März 2020 hat meine Freundin Vanessa Krebs bekommen. Der Tumor in der rechten Brust war so groß wie ein Tennisball. Zur gleichen Zeit bekam auch meine Mama eine Brustkrebsdiagnose. Wir lebten im Ausnahmezustand. Nicht nur unsere kleine Welt, sondern alles lief aus dem Ruder. Nach einem ersten

Sturm aus Untersuchungen, Diagnosen und Prognosen kam die Ruhe; es herrschte Windstille. Wenn ich an die ersten Monate denke, dann ist in meinem Kopf ziemlich viel Watte, vage Erinnerungen an den ständigen, beißenden Geruch von Sterillium und eine vor Zuversicht nur so strotzenden Vanessa. Zwischen Chemotherapien mit allen möglichen fiesen Nebenwirkungen lag sie nach der OP mit einem T-Shirt in ihrem Krankenhauszimmer, auf dem in großen Lettern »SHIT HAPPENS« stand. Das T-Shirt hatte ihr meine Mama, ihre neue »Busenfreundin«, geschenkt.

Es folgten dann noch Monate der Immunotherapie und Bestrahlung. Die Zeit war geprägt von einer überwältigenden Müdigkeit, vielen Stunden, die wir im Bett gelegen haben, und auch von großen Sorgen: Geldsorgen, Unsicherheit beim Ausfüllen von Corona-Soforthilfeanträgen (an Auftritte war nicht zu denken) und die sich uns aufdrängende Frage, ob sich die Kulturbranche jemals von dieser Pandemie erholen wird. Ob sich vielleicht anschließend alle daran gewöhnt haben, dass Kulturangebote digital und damit kostenlos angeboten werden. Sorgen, die angesichts der Krebserkrankung doch eigentlich ganz klein und unwichtig waren. Vanessa war ausschließlich zu Hause. Sie hatte aufgrund der Chemotherapie kein funktionierendes Immunsystem mehr, und die Welt vor der Tür war hochinfektiös.

Viele Monate vergingen, und nach einem gefühlt ewig dauernden Lockdown und einem sehr, sehr dunklen Winter stand ich gerade im Supermarkt vor den Shampooflaschen, als ich eine Nachricht aufs Handy bekam: »Ich bin aus der Krebstherapie entlassen!«

Man könnte vermuten, dass ich vor Freude ausrastete. Aber da war kein Luftsprung, kein Kribbeln, keine Dankbarkeit.

Anfang des Jahres 2020 hatte ich mein Gefühlssegel vom Mast geholt, in vielerlei Hinsicht die Segel gestrichen. Ich wollte all dem Scheiß, der mir entgegengeweht ist, keine Angriffsfläche mehr bieten. Und ich dachte, dass ich nur so ein bisschen die Kontrolle in all dem Chaos behalten kann. Ich habe mir Gefühle versagt, denn ich ahnte, dass ich nicht die Kraft haben werde, wieder auftauchen zu können, wenn ich erst einmal mit dem Kopf unter Wasser geraten bin. In diesem Moment im E-Center vor den Shampooflaschen war ich im emotionalen Ausnahmezustand. Ich konnte nicht einordnen, warum ich jetzt nicht vor Erleichterung und absoluter Freude juchze und zwischen den Supermarktregalen tanze. Erst einige Zeit später wurde mir klar, dass alle Gefühle, die ich mir in die Tiefe versage, in der Amplitude der Emotionen auch nach oben gekappt werden. Ganz platt gesagt: Lasse ich die Angst nicht zu, verspüre ich keine Erleichterung, wenn die Bedrohung weg ist; erlaube ich mir keine Trauer, so fühle ich auch keine Freude.

Heimat / Zuhause

Mir ist neulich sprichwörtlich ein Zacken aus dem Krönchen gebrochen. Ich war mitten auf einer Konzerttournee und rief von unterwegs in meiner Zahnarztpraxis an. Man fand dort jedoch meinen Oberkiefer nicht wieder beziehungsweise den Abdruck davon. Deshalb konnte das Krönchen nicht einfach nachgefräst werden, sodass ich zwischen zwei Konzertterminen einfach mal schnell zur Neukrönung hätte kommen können.

Um den Zahnhals vor Kälte zu schützen, lief ich drei Tage mit einem zuckerfreien Kaugummi auf der entkrönten Stelle rum, bis ich für die neuen Abdrücke kurz in Bad Zwischenahn haltmachen konnte. Denn dort im Ammerland ist mein Zahnarzt zu Hause. Ammerland liegt, wenn man von Süden kommt, kurz hinter Oldenburg, aber noch vor Ostfriesland. Bad Zwischenahn ist ein Kurort und besitzt dadurch das Privileg, dass auch sonntags die Geschäfte aufhaben. Es gibt vermutlich mehr Rollatoren als Autos auf den Straßen, und der große See heißt Zwischenahner Meer, auch wenn's keins ist. Auf diesem Meer habe ich als zehnjähriges Kind zum ersten Mal in einem »Opti«, also einer Optimisten-Jolle gesessen. Meine Segelbegeisterung hat jedoch nur dreißig Minuten und zwei Kollisionen zwischen Segelbaum und Kinderkopf gehalten.

Die Zahnarztpraxis in Bad Zwischenahn ist, geografisch betrachtet, so richtig ungünstig für mein Leben. Ich muss immer extra anreisen, denn der Ort liegt eigentlich nie einfach so richtig auf dem Weg. Und trotzdem graut es mir jetzt schon davor, dass mein Zahnarzt bald in Rente geht. Ich will keinen anderen!

Zähne, Haare, Brüste, Mobilfunknetz – wenn du für diese Angelegenheiten erst einmal jemanden gefunden hast, der zu dir passt und bei dem du dich sicher und verstanden fühlst, dann wechselst du doch so schnell nicht wieder.

Ich war bereits so oft in dieser Praxis, dass sogar ein recht großes Bild von mir im Wartezimmer hängt. Das finde ich völlig in Ordnung, schließlich hat man in dieser Praxis dafür gesorgt, dass ich unglaublich gerne lache – und zwar ohne meinen Mund hinter der Hand verstecken zu wollen. Da darf man mich auch gerne breit lächelnd im Wartezimmer an die Wand hängen. Das mit dem Bild ist natürlich auch ein bisschen schräg! Vor allen Dingen, wenn ich reinkomme und der einzige freie Platz im Wartezimmer der unter dem Bild ist. Dann schauen die anderen Wartenden irritiert abwechselnd erst mir ins Gesicht und dann wieder aufs Bild. Vielleicht fragen sich manche in diesem Moment: »Ist sie das wirklich?«, denn ich sehe nur bedingt nach der Frau aus, die auf diesem Bild porträtiert ist. Zum einen ist das Bild inzwischen mehr als zehn Jahre alt, und ich bin in Würde, aber eben ohne Botox gealtert, und zum anderen ist damals vermutlich eine Tüte Weichzeichner ausgelaufen, als man das Foto auf Leinwand gezogen hat. Ich sehe auf dem Foto ein wenig so aus wie eine porenlose, glatt gebügelte Miss-Germany-Version meines jüngeren Ichs. Aber leugnen, dass ich diese Frau auf dem Bild bin, das kann man wiederum auch nicht.

Als ich für den Oberkieferabdruck in die Praxis schneie, begrüßt mich eine junge Zahnarzthelferin, die ich kenne, seit sie vor ein paar Jahren hier ihre Ausbildung begonnen hat. Am Anfang war sie unsicher, schien manchmal nicht ganz anwesend zu sein und sprach kaum. Inzwischen ist sie selbstbewusst, bewegt sich souverän in ihrem Job und sprudelt über, wenn sie mit mir spricht.

Eine Frauenzeitschrift mit fünf Diät-Tipps, drei Sahnetortenrezepten und zwei dramatischen Schicksalen später setze ich mich auf den Zahnarztstuhl, lehne mich gelassen zurück, und die Zahnarzthelferin und ich quatschen ein wenig darüber, ab welchem Date es in Ordnung sei, sich zu küssen. Das ist ja auch abhängig davon, in welchem Kulturkreis man sich bewegt – aber am Ende muss man das ganz allein für sich entscheiden, was dran ist, da sind wir uns einig. Und dann erzählt die junge Frau mir auf einmal, dass sie immer mal wieder ihre Sachen packt, weil sie nach Hause möchte. Ihr Zuhause ist der Irak.

Während sie mir mit dem metallenen Abformlöffel die glibberige Silikonmasse gegen den Oberkiefer drückt, erzählt sie weiter. Ich habe keine Chance, ihr zu antworten, etwas zu kommentieren oder ihr zu sagen, dass ich sie einerseits verstehen kann – und doch gleichzeitig eigentlich keinen blassen Schimmer habe, wie es sich anfühlen muss, nicht nach Hause zu dürfen.

Sie sagt, sie habe so schreckliches Heimweh. Ihre ganze Familie sei mit ihr in Deutschland, und trotzdem. Es sei kein Heimweh nach einem Ort, sondern an eine Erinnerung. Denn alles, was sie von zu Hause erinnert, ist gut: Sie musste noch keine Verantwortung tragen, schließlich war sie noch ein Kind, als sie von dort flohen. Und sie war damals noch gesund, hatte keine rheumatischen Schmerzen, so wie jetzt. Auf jeden Fall sehnt sie sich zurück, und wenn es nur für zwei Wochen wäre. Zurück zu dieser Erinnerung.

Ich spucke meine Betroffenheit mit den letzten Silikonresten aus den Zahnzwischenräumen in das kleine Becken neben dem Zahnarztstuhl, wische mir mit dem bereitgelegten Taschentuch einmal über den Mund und heimlich die Tränen weg. Irgendwie habe ich das Gefühl, dass ich auch eigentlich gar kein Recht habe, jetzt und hier zu weinen.

JO!

Waar is miene Heimat?
Waar bün ick tohuus?
Waarum is dat wichtig?
Un wat tekent mi ut?
Ick hebb dat nich verdeent.
Ick hebb nix daarför doon.
Ick hebb eenfach blot Glück hatt,
daar gifft nix to verstahn.

Wi seggen JO!
Wi bruken en nejet Heimatlied.
Denn wi sünd free, wi hebbt't so good, us Hart is wiet.
Kumm laat us delen, wat wi hebbt.
Rieker word de, de Leevde schenkt.
Laat us Heimat worden för de, de kien mehr hebbt.

(Die Deichgranaten)[1]

*

Ein paar Wochen vor diesem Termin stieg ich in Oldenburg nach einem wunderbar geselligen Abend mit Freunden in ein Taxi. Das erste Mal seit dem Beginn der Pandemie saß ich vorne auf dem Beifahrersitz. Früher habe ich das eigentlich fast immer gemacht, denn ich genieße die kurzen intensiven Gespräche, die zeitlich genau in eine Taxifahrt passen. Manchmal werde ich geradezu ausgefragt, meistens bin ich aber diejenige, die ihre Neugier nicht versteckt und die Fahrer*innen in ein Gespräch verwickelt. Mir sind schon die spannendsten Biografien begegnet, und viele davon sind internationale Geschichten.

Nachdem ich mich angeschnallt hatte, fragte mich der Taxifahrer in gebrochenem, aber verständlichem Deutsch, ob ich von hier sei. Ich antwortete, dass ich in dieser Stadt einmal gelebt habe, nun aber nur zu Besuch sei, da ich seit einiger Zeit in Berlin wohne.

»Oh, Berlin, sehr große Stadt. Arbeitest du dort?«

»Es ist kompliziert. Manchmal arbeite ich auch dort. Aber ich arbeite eigentlich in ganz Deutschland.«

»Was machst du?«

Da war sie wieder, die Frage, die mich mein ganzes Leben lang begleitet. Was ist jetzt in diesem Moment die beste Antwort?

»Ich bin Künstlerin.«

»Künstlerin … was ist das?«

Ich überlegte ein bisschen, wie ich diese Frage beantworten sollte. Denn ich verstehe meinen Beruf ja selbst kaum. Dann entscheide ich mich für die wahrscheinlich am leichtesten zu verstehende Antwort:

»Ich singe.«

Bis jetzt lief im Radio NDR Kultur. Nun drehte der Fahrer langsam den Lautstärkeregler runter.

»Kannst du jetzt etwas singen?«

Ich gebe zu: Schon so manches Mal habe ich auf irgendeiner Party, wenn im Gespräch mit anderen Gästen, die mich bislang nicht kannten, die Frage aufkam, was ich mache, um meine Brötchen zu verdienen, gesagt, dass ich Verwaltungsfachangestellte bin. Eines steht fest: Niemals würde anschließend jemand fragen, ob ich mal kurz eine kleine Abhandlung über die besten Softwarelösungen für Kommunen zum Besten geben könnte.

In einer Studie der University of Essex haben sich Forscher*innen auf die Suche nach nach Merkmalen gemacht, welche dazu führen, dass man Menschen langweilig findet. Das Ergebnis: Vor allen Dingen Berufe in der Datenanalyse, im Steuerwesen, bei Versicherungen oder im Reinigungsgewerbe und im Bankenwesen werden als besonders langweilig wahrgenommen. Und wenn jemand dann noch erzählt, dass in der Freizeit Religion, Fernsehen, Tiere beobachten oder Mathematik angesagt sind, dann ist das Desinteresse seines oder ihres Gegenübers eigentlich bereits vorprogrammiert.

Wenn mich jemand nach meinem Beruf fragt, gilt es, nicht zu viel zu verraten. Es ist ein schmaler Grat, so viel zu erzählen, dass andere es interessant finden, sich mit mir zu unterhalten, und gleichzeitig der Gefahr aus dem Weg zu gehen, einen Spontanauftritt aufs Partyparkett legen zu müssen. Manchmal greife ich, wie bereits gesagt, zu Notlügen. Wichtig ist dabei übrigens auch, meinem Gegenüber keinen medizinischen oder therapeutischen Beruf vorzugaukeln. Denn das kann genauso zu einer Performance-Aufforderung am Büfett führen.

Zurück zur Taxifahrt. Ich schweife ab. Das wird dieser Begegnung mit Aza, so heißt der Mann, das weiß ich inzwischen, nicht gerecht.

»Hast du ein Lieblingslied?«, fragte ich zurück, völlig planlos, was Aza gefallen könnte, auf dieser Fahrt vor die Tore Oldenburgs. Im Halbdunkel des Wagens habe ich Schwierigkeiten, Azas Gesichtszüge zu beobachten. Ist er jünger oder älter als ich?

Und er antwortete auch nicht mit Worten auf meine Frage, sondern schüttelte den Kopf.

Ich hakte nach: »Welche Sprachen sprichst du denn?«

Aza zählte sehr viele Sprachen auf, von den meisten habe ich noch nie gehört. Plattdeutsch war jedenfalls nicht dabei. Aber Englisch.

Es waren nur noch zwei Kilometer nach Hause, und es wurde Zeit, ein Lied anzustimmen. »Kannst du mir etwas singen über jemanden, der traurig ist, weil er seine Heimat verloren hat, Annie? Der wegmusste und nicht wieder nach Hause darf?«

Der Stich in mein Herz fühlte sich so an, als ob er mit einer verrosteten Stricknadel ausgeführt wurde. Aus dem Augenwinkel sah ich, dass Aza weinte.

In diesem Moment spürte ich eine Verantwortung, die mich überwältigt hat. Das starke Gefühl: Dieser Moment ist ein besonderer, den darf ich nicht verstreichen lassen.

»Seit acht Jahren darf ich nicht nach Hause. Meine ganze Familie ist noch dort. Kannst du dir das vorstellen? Gehe ich zurück, muss ich sofort ins Gefängnis.«

Mein Kopf ist leer. Was kann ich sagen? Und noch wichtiger: Was soll ich jetzt für Aza singen? Es kann doch nicht wahr sein, dass mir ausschließlich *Que sera* von Doris Day im Hirn herumschwirrt. Das ist derart unpassend, fehl am Platze und geschmacklos! Dabei fällt mir doch sonst immer etwas Passendes ein … Manchmal denke ich, dass ich als kleines Kind mal aus Versehen eine Jukebox verschluckt habe, denn wenn man mich um ein Lied bittet, dann habe ich sofort eins auf der Zunge. Lied, wo bist du jetzt?

Ich machte den Mund auf, atmete tief ein und fing dann an zu singen: »Sometimes I wonder where I've been …«

Wo kommt dieses Lied jetzt auf einmal her? Das habe ich gefühlt seit tausend Jahren nicht gesungen. Es ist der Song von Irene Cara, *Out here on my own* aus dem Filmmusical *Fame*. Das ist doch absurd! Aber ich singe weiter, während mich diese Gedanken durchzucken: »… to guide me far and shine me home. Out here on my own.«

Der Wagen steht mittlerweile vor dem Haus, an dem ich aussteigen möchte. Aza lässt ganz langsam meine Hand wieder los, die er ab der vierten Zeile ergriffen hat.

Er fragt mich: »Rauchst du?«

»Ja.«

»Noch eine zusammen rauchen?«

»Nein. Meine Mama wartet auf mich.«

»Geh zu deiner Mama, das ist wichtig.«

»Wie alt bist du eigentlich, Aza?«

»Fünfundzwanzig.«

»Hast du Freunde?«

»Nein. Ich hab schwarze Haare. Ist schwierig hier.«

»Pass auf dich auf, Aza. Halte durch. Aber du brauchst Freunde.«

»Du auch. Aufpassen, Annie.«

»Gute Nacht, Aza.«

Kopfschüttelnd steige ich aus und gehe die Auffahrt zum Haus meiner Mama hoch und denke: »Wat hebbt wi dat good. Harrijasses, wi hebbt dat eenfach good.« – »Was haben wir es gut. Herr Jesus, wir haben es einfach gut.«

Mama weint, als ich ihr immer noch völlig aufgewühlt von meiner Taxifahrt erzähle.

Wenn meine Geschwister und ich früher auf Klassenfahrt oder auf dem Ponyhof waren und Oma anrief, dann fragte sie uns immer, ob wir Heimweh haben. Das war total selbstverständlich für Oma. Manchmal hatten wir dann ein bisschen ein schlechtes Gewissen – weil wir gar keine allzu große Sehnsucht nach Hause hatten.

Heimweh spielte in Omas Leben eine große Rolle. Kurze Zeit nachdem sie Opa kennengelernt hatte, ging sie nach Norderney, um dort in einem Hotel-Restaurant zu arbeiten. Sie hatte gerade ihren Realschulabschluss gemacht und war sehr stolz darauf – auch dass sie diesen Weg als Mädchen gehen durfte. Sie war damals siebzehn, steckte mitten in der Pubertät und im Wachstum, hatte oft unbändigen Hunger. Wenn sie in der Küche des Restaurants arbeitete, aß sie vor dem Spülen der Teller die Essensreste, die die Urlaubsgäste übrig ließen.

Nach ein paar Tagen auf der Insel hatte sie schon starkes Heimweh, nach zwei Wochen wurde es unerträglich. Opa nahm die Fähre, um sie von der Insel abzuholen. Meine Oma hatte ihre Koffer gepackt und schrieb einen Abschiedsbrief, den sie auf ihrem Zimmer hinterließ. Dann saß sie mit ihrem Freund die ganze Nacht draußen vor dem Hotel, bis die beiden am nächsten Morgen mit der ersten Fähre ans Festland fahren konnten.

Sie waren 68 Jahre lang ein Paar, und als mein Opa starb, sagte Oma immer wieder, dass sie Heimweh habe. Heimweh nach Ubbo.

Meine Mama ist auf die weiterführende Schule in Leer gegangen. Dorthin musste sie mit dem Bus fahren, es fühlte sich für sie wie eine Weltreise an. Bereits an der dritten Haltestelle hatte sie Heimweh und konnte es nicht erwarten, dass der Tag endlich vorbei sein würde, damit sie wieder nach Hause konnte.

Auch ich hab oft Heimweh. Weh nach Menschen, Weh nach Gerüchen und Geschmäcken, Weh nach einer Erinnerung an Unbeschwertheit. Doch habe ich auch so richtig Weh nach einem Ort, nach einer Heimat?

Seit vielen Jahren sage ich unbedacht, ich sei heimatlos. Wer bin ich, so etwas zu behaupten, wo ich doch in Freiheit und Frieden leben darf? Kann ich so etwas sagen, nur weil ich gerade nicht weiß, wo ich mein Ei legen soll? Ich bin das Gegenteil von heimatlos! Ich habe so viel Heimat!

Aber ich bin dennoch irgendwie »zuhauselos.« Und das schon seit über zehn Jahren. Meine Sehnsucht nach einem Zuhause ist mittlerweile unaushaltbar geworden. Dabei habe ich doch – anders als Aza – die Möglichkeit, es einfach zu ändern! Doch davor habe ich wahrscheinlich ein bisschen Angst. Ich scheue mich davor, eine Veränderung herbeizuführen. Wer weiß, was die mit sich bringt?

Es ist ja auch einfacher, in einer Lebenssituation zu verharren, als sich auf etwas Neues einzulassen.

Meine Gedanken hängen wie am Drehkranz eines Kettenkarussells, bei dem sich die einzelnen Schaukeln immer wieder bei voller Fahrt verheddern: »Wo fange ich an? Wo will ich überhaupt hin? Es macht ohnehin keinen Sinn, jetzt nach einer neuen Wohnung zu suchen. Da kommen doch mindestens dreihundert Leute, die sich auf dieselbe Wohnung bewerben. Ich habe keine Chance, denn ich bin freiberuflich, da brauche ich ein Empfehlungsschreiben vom Bundespräsidenten. Meine Freund*innen sind alle mittlerweile in meinem

Alter, da kann ich doch niemanden mehr fragen, ob sie mir beim Kistenschleppen helfen können. Die haben alle Bandscheibe! Sowieso wird die Miete viel zu hoch sein, sodass ich mir das Ganze gar nicht leisten kann.« Und zum Schluss: »Muss ich das wirklich jetzt entscheiden?«

Das plattdeutsche Wort für Heimat ist übrigens »Tohuus« – Zuhause. Weil für die Menschen in Ostfriesland die Heimat eben auch das Zuhause ist.

Der Ostfriese an sich bleibt gerne in seiner Heimat oder kehrt zumindest zu ihr zurück. »Nich wieder van't Huus weg, as dat ik avends in mien Bedd slapen kann!« – »Nicht weiter weg von Zuhause, als dass ich abends in meinem Bett schlafen kann.«

Ich trage so viel Heimat in mir durch die Geschichten meiner Kindheit, die Lieder derer, die vor mir waren, und die Erinnerungen an mir vertraute Orte. Und all das gibt mir Geborgenheit. Ein gutes Gefühl, das mich allezeit und überallhin begleitet. Und das ist doch Heimat?

Habe ich die plattdeutsche Sprache im Ohr – vielleicht weht nur ein Halbsatz hinein –, dann ankert mein Herz sofort, und mir wird ganz warm. Es gibt kaum etwas, das ein mächtigeres Heimatgefühl in mir auslöst, als diese Sprache. Es gibt zudem eine ganz echte Heimat zum Anfassen, Schmecken und einfach da sein. Eine Gegend, in die ich jederzeit fahren kann. Zum Glück ist meine Heimat keinem Disneyland zum Opfer gefallen, keiner Jahrhundertflut oder Erdbeben – und es herrscht dort auch kein Krieg.

Den Zustand der wirklichen Heimatlosigkeit kenne ich nicht. Wenn ich an die Schicksale der Menschen weltweit denke, die weit weg von ihrer Heimat um Zuflucht bitten müssen. Angesichts dessen ist es doch anmaßend von mir, zu behaupten, ich sei heimatlos, nur weil meine BahnCard 100 an 230 Reisetagen im Jahr glüht.

*

Viele Jahre war ich auf eine ganz andere Weise »zuhauselos«, in einer Art Zwischenlösung geparkt. Ich rede mir gerne ein, ich wäre dort geparkt worden, also irgendwie abgestellt und dann ein bisschen vergessen. Doch das ist überhaupt nicht der Fall, ich hab mich selbst festgefahren, weil ich dachte: Wenn ich jetzt irgendwo hinziehe, dann ist dies endlich das letzte Mal. Wer das perfekte Zuhause sucht, wird vermutlich niemals fündig …

Mir fehlt jedenfalls seit zehn Jahren ein Zuhause mit vier Wänden, an denen Bilder hängen, die ich selbst aufgehängt habe. Ein Zufluchtsort, der mich willkommen heißt.

Das Heimweh, das mich von Zeit zu Zeit befällt, hat nichts mit Heimatlosigkeit zu tun, sondern vor allem mit dem Vermissen einer guten, vergangenen Zeit. Einer Zeit, in der Oma und Opa noch gelebt haben, ich den ganzen Sommer im Garten Handstand geübt habe und die Sonne verlässlich zu scheinen schien. Gefährliche Ketten einer verklärten Erinnerung …? Denn wie unbeschwert waren wir alle wirklich? Eventuell konfabuliere ich mich auch nur durch die Vergangenheit. Und vielleicht ist die Scheiße von heute die gute alte Zeit von morgen.

Heimat ist jedenfalls ein Begriff, der in vielen von uns ein starkes Gefühl auslöst – und nicht unbedingt ein positives. Für mich hat sich mein gutes Gefühl, das ich habe, wenn ich an Heimat denke, nicht verändert, jedoch mein Verständnis davon. Heimat ist für mich zu etwas Dynamischem geworden.

Geborgenheit

»Was ist das Erste, das dir einfällt, wenn du an Ostfriesland denkst?«

Otto Waalkes, Deichschafe, Ostfriesenwitze, Fischerhemden oder doch Ostfriesentee?

In Ostfriesland sind wir in vielem Meister! Nicht nur EM-Rekordhalter im Standboßeln, sondern was den Teekonsum angeht, sogar Weltmeister. Unfassbare 300 Liter pro Kopf werden jedes Jahr in unserem Landstrich getrunken – und nein, Chai-Ingwer-Zitrone-Tee ist kein Tee.

Tee ist ausschließlich dieses heiße, köstliche, bittersüße, rotbraun-goldene Gebräu, das nur mit dem kalkarmen ostfriesischen Wasser zubereitet werden kann. Mit der jährlich konsumierten Menge liegen wir weit vor den Teenationen wie Irland oder Großbritannien. Ostfriesentee und die dazugehörige, traditionelle Zeremonie sind weit über die Landesgrenzen hinaus bekannt. Ein von der UNESCO zum immateriellen Kulturerbe erklärtes Ritual, das irgendwo zwischen dem Ammerland und Oldenburg seine Heiligkeit verliert und andernorts blasphemischerweise auch aus dickwandigen Kaffeebechern getrunken wird. Der Zauber ist also lokal begrenzt. Wenn wir früher mit der Kirchengemeinde auf Familienfreizeiten gefahren sind, haben sich viele aus der älteren Generation zu Hause einige Flaschen Wasser abgefüllt und mitgenommen, um zumindest zwischendurch einen ordentlichen Tee kochen zu können. Über zehn Jahre habe ich in Berlin gelebt und bin erst kürzlich nach Hamburg gezogen, um der alten Heimat ein wenig näher zu sein. In Berlin schmeckt Ostfriesentee, so meine Feststellung, wirklich grauenvoll. Es liegt am falschen Wasser …

Bei aller Friedlichkeit, die in aller Regel im äußersten Nordwesten Deutschlands herrscht, kann sich über den Geschmack auch die Teenation spalten. Und zwar in *Thiele Silber* oder *Bünting Grünpack!* Deine Familie hat entweder nur die eine oder die andere Sorte im Schrank stehen. Und die Präferenz wird meist weitervererbt. Ausnahmen gibt es selten. Ebenfalls weitervererbt wird ein zweiter möglicher Punkt der Entzweiung: Offene oder geschlossene Rose oder sogar Indisch Blau? Hier geht es um das dünnwandige Teeservice und dessen Dekor. Ich habe eine Kombination aus offener und geschlossener Rose in der Wohnzimmervitrine stehen. Jetzt könnte man denken, das ist doch unwichtig. Nix da! In diesem Buch geht es um alles, was Kraft geben und uns mit Zuversicht ausstatten kann. Und für mich steht der Ostfriesentee für das so nötige Innehalten, das ich so schlecht kann. Mir fällt es schwer, Pausen zu machen. Denn wie soll mir eine Pause helfen zu entspannen, wenn sie mir Zeit nimmt, die ich brauche, um meine Arbeit zu schaffen. Pausen ohne eine Aufgabe stressen mich. Ich brauche deshalb mindestens eine Denkaufgabe, damit ich das Gefühl habe, die Auszeit irgendwie sinnvoll genutzt zu haben. Ich weiß, das klingt nicht besonders gesund. Das ist der Grund, warum ich dir überhaupt so ausführlich vom Ostfriesentee erzähle: Dieser Tee entspannt mich. Die volle Breitseite seines Duftes, eine Mischung aus Assam, Geborgenheit und Gerüchteküche, hat sich tief in mir verankert. So trinke ich morgens früh »eerst een Köppke« – quasi schon bevor der Tag losgeht –, und die letzte Tasse kurz vorm Zubettgehen. Der Tee rahmt den Tag meiner Familie ein. Er wird aus

Genuss, gegen Durst, Müdigkeit, Kummer und Krankheit getrunken oder einfach nur, weil es gerade an der Küchentür klopft und der Nachbar davorsteht. Das ist meine Teesozialisation.

Mein Opa hat bei der zweiten »Teetied«, die mit dem Frühstück zusammenfiel, meist Zeitung gelesen. Er las vor allem über das große Weltgeschehen, kleine Wunder, fulminante Theateraufführungen und überfordernde Politik. Und er las uns Todesanzeigen vor, erklärte dabei, mit welchen Janssens wir auf der anderen Seite des Kanals verwandt sind und warum mit denen in Akelsbarg auf keinen Fall. Auch wenn ihn von den Nachrichten etwas besonders erschrak oder beeindruckte, dann las er es allen Anwesenden vor, pfiff kurz durch die Zähne oder schüttelte den Kopf. Manchmal holte er dann einen Atlas aus dem Bücherregal, um zu schauen, welche Grenzen mittlerweile wo verliefen und welches Gefecht in welchem sinnlosen Krieg ausgefochten wurde. Über den Tee sind wir ins Gespräch gekommen und haben uns Geschichten von früher und jetzt erzählt. Wir teilten diese Dööntjes, unsere Sorgen und unsere Freude, bei denen eine Geschichte von früher manchmal irgendwie die Zeit anhielt. Dabei krochen das Bittersüße und die Wärme des Tees in uns hinein, und egal, was gerade Schlimmes in der großen Welt oder in unserem kleinen Umfeld passiert war – mit jeder weiteren Tasse Tee tat es ein bisschen weniger weh.

Wir haben in Ostfriesland, so scheint es, ein bisschen die Ruhe gepachtet. »Abwarten und Teetrinken« kommt ja nicht von ungefähr, auch wenn man hier eher sagt:

»Eerst d' Piep an un denn dat Peerd ut d' Sloot.« – »Erst einmal eine Pfeife anstecken und dann das Pferd aus dem Graben ziehen.«

Natürlich gibt es Regeln bei der Teezeremonie. Manches ist verhandelbar, Folgendes jedoch nicht: Der Treckpott, also die Teekanne, ist entweder aus Porzellan mit glasierter Innenseite oder aber eine doppelwandige Edelstahlkanne.

Hände weg von den billigen Beuteln! Kluntje in die Tasse legen und bedächtig dem Knistern lauschen, wenn der heiße Tee auf den Kandiszucker trifft. Schenke dir als Gastgeber*in zuerst selbst ein wenig Tee ein, um zu prüfen, ob er schon stark genug ist oder noch ziehen muss. Lege die Teesahne am Rand vorsichtig auf den Tee, sodass kleine »Wulkjes« entstehen. Aber nur gegen den Uhrzeigersinn, weil beim Teetrinken ja die Zeit stehen bleiben soll. Nicht umrühren!!! Richtig zubereiteter Ostfriesentee wird in Schichten genossen. Erst kommt der samtige Rahm, dann der kräftige, herbe Tee und dann der letzte, übersüße Schluck.

Und ganz wichtig, damit du dich danach nicht wie ein Duracell-Häschen durch den Tag trommelst: Dem Gastgebenden zeigst du an, dass du keine weitere Tasse willst, indem du den Teelöffel in die Tasse steckst. Sonst wird dir nachgeschenkt bis zum Sanktnimmerleinstag. Jedoch sind drei Tassen das Mindestmaß an Höflichkeit, denn »Dree is Oostfresenrecht«.

Bis zu sechs Mal am Tag ist Teetied, da konnte es früher schon einmal passieren, dass Oma mich als Kind mit einer Köppke Tee aufs Land hinterm Haus geschickt hat, wo Opa gearbeitet hat. »Damit er weiterarbeiten kann«, hat sie gesagt. Mit Entzugserscheinungen ist nicht zu spaßen.

Es gibt keine Altersgrenze für das Gefühl von Geborgenheit. Im besten Fall bleibt es bis ins hohe Alter. Aber als Kind werden wir irgendwann erst einmal alle aus dem heimischen, warmen Nest geschmissen. Als würde diese Erschütterung, der Verlust der sanftmütigen Behütetheit, einen groß, erwachsen werden lassen. Und das mit jeder Erschütterung ein kleines Stückchen mehr.

Meine kindliche Geborgenheit habe ich verloren, als meine Eltern sich trennten. Klar, die Trennung war letztlich das Beste für alle. So sehe ich das heute. Aber damit habe ich zum ersten Mal erfahren, dass Liebe eben auch aufhören kann. Meine Großeltern, die 68 Jahre zusammen waren, gaben mir große Geborgenheit – allein durch die Beständigkeit.

Vor einiger Zeit stand ich an einem eisigen Wintertag mit einem Pastor auf einem Friedhof in Norddeutschland. Wir kamen ins Gespräch darüber, dass es bestimmte Zeiten im Jahr gibt, einige Wochen, in denen besonders viele Menschen sterben.

Gerade wäre eine besonders herausfordernde Zeit zu Ende gegangen, sagte der Pastor. Fünf- bis siebenmal in der Woche hätte bei ihm das Telefon geklingelt, weil ein Gemeindemitglied verstorben ist. Beerdigungen sind im Winter immer schwer. Der Himmel wolkenverhangen, dazu die Kälte, die Mühe beim Ausheben des Grabes im gefrorenen Boden. Aber auch im Frühling, Sommer und im Herbst gäbe es Herausforderungen, sagte der Pastor und stellte nüchtern fest: »Es stirbt sich nicht besser als im Winter. Aber das kann dir doch egal sein!«, sagte er dann zu mir. »Oder hast du vor, demnächst abzudanken?«

Ich antwortete: »Natürlich nicht, aber wer weiß, wann es so weit ist? Manchmal kommen mir eben solche Gedanken.«

»Bisschen düster«, sagte er.

»Eher praktisch«, entgegnete ich lächelnd. »Wir müssen ja alle einmal sterben, also warum nicht auf das Unabwendbare rechtzeitig vorbereiten.«

Dann verabschiedeten wir uns mit gegenseitigen Wünschen für ein langes Leben.

Ich blieb noch ein Weilchen auf einer Bank sitzen und schaute auf die vielen Grabsteine. Ein Friedhof hat immer eine besondere Wirkung auf mich. »Wo will ich am Ende eigentlich liegen? Ostfriesland, Oldenburg, Hamburg, Berlin oder ganz woanders?«

Meinen letzten Ruheort habe ich noch nicht festgelegt. Auch nicht, ob ich irgendwo in der Nähe meiner Familienmitglieder begraben sein möchte. Das liegt vielleicht auch daran, dass in meinem Leben an sich nicht viel Ruhe ist. Und will ich eigentlich eine Grabgemeinschaft? Wenn ja, mit wem, und kann man das Grab wirklich bereits zu Lebzeiten von der Steuer absetzen? Ich weiß nur, dass ich definitiv keine Seebestattung möchte. Ich schwimme ja jetzt schon so ungerne. Doch es gibt noch so viele Fragen zu klären.

Das tiefste Gefühl von Geborgenheit stellt sich jedenfalls ein, wenn ich daran denke, wann ich es am stärksten in meinem Leben gefühlt habe. Deshalb würde ich am Ende am liebsten zwischen Oma und Opa liegen, so wie früher als Kind. Oma hat mich in den Arm genommen, und meine rechte Hand lag in Opas großer, rauer Bauernhand. Wir haben uns damals immer noch etwas erzählt, wenn wir nebeneinander im Bett lagen, und sind dann selig weggeschlummert.

Leevde will di finnen

En funkelnd Lücht in en düstern Nacht, alleen,
schient heel sacht.
Leevde will mi finnen, nienich verfehlen.

Ik will preisen de Verlaat, un togliek dat Geföhl,
wi mutten us bemöhen.
Leevde will Di finnen, nienich verfehlen.

In in Drunner un Dröver bliev ik ruhig,
ruhiger as ik jemaals weer,
Leevde will us finnen, nienich verfehlen.

Wees man seker, mien Fründ. Du büst doch dat Ziel.
Denn Leevde nich blot as en Woord will us nienich verfehlen.

Nienich verfehlen.

(Annie Heger)[2]

Für alle nicht in Ostfriesland groß gewordenen Menschen folgt hier noch die – zugegebenermaßen nach meinem Geschmack nicht ganz so lyrisch-schöne – Übertragung ins Hochdeutsche:

Liebe wird mich finden, niemals verfehlen

Ein funkelndes Licht in einer düsteren Nacht, allein,
scheint ganz sacht.
Liebe wird mich finden, niemals verfehlen.

Ich will preisen, dass ich mich verlassen kann
und dennoch fühle, ich muss mich bemühen.
Liebe wird dich finden, niemals verfehlen.

Im Drunter und Drüber bleibe ich ruhig,
ruhiger, als ich es jemals war.
Liebe wird uns finden, niemals verfehlen.

Sei doch sicher, mein Freund, du bist doch das Ziel.
Denn Liebe, nicht bloß als ein Wort, wird uns niemals verfehlen.

Niemals verfehlen.

*

Der großartige Autor und spirituelle Lehrer Pierre Stutz schreibt in seiner Autobiografie *Wie ich der wurde, den ich mag*: »Es ist nie zu spät, so zu werden, wie wir von Anfang gemeint sind: geborgen und frei.«

Dieser Satz steht, wenn man das Buch aufklappt, direkt links auf der vorderen Klappe des Schutzumschlages und erwischt mich kalt. Wie kann ein einziger Satz so viel in einem in Gang setzen?

Es geht in meinem Leben nicht um mangelnde Freiheit, sondern darum, dass dieses Geborgensein wohl die größte Sehnsucht in mir ist. Das Gefühl der Geborgenheit kenne ich. Es ist wohlig schön, und es fehlt mir.

Verliebt

Für alle, die auch jetzt noch auf dem Schlauch stehen: Ich lebe in einer lesbischen Beziehung! Als ich mit siebzehn von meinem Austauschjahr in den USA wiederkam, hat es nicht lange gedauert, bis ich es erst einer Freundin, dann meiner Cousine, meiner Tante und dann auch meinen Schwestern erzählt habe. Die habe ich dann beauftragt, es meiner Mutter zu sagen. Das war für mich eine ganz andere Hürde, obwohl ich zu keinem Zeitpunkt gebangt habe, meine Mutter könnte mich mit Liebesentzug strafen.

Während die meisten, denen ich erzählte, dass ich auf Frauen stünde, die Hände in die Luft rissen und »Halleluja!« schrien, war meine Mutter etwas verunsichert. Ich hatte den Eindruck, dass ich ihr ein bisschen fremd war. Erst viel später sind wir beide dann darauf gekommen, dass es daran lag, dass wir uns ein Jahr lang nicht gesehen hatten und sie jetzt das erste Mal realisierte, dass ich überhaupt eine Sexualität hatte. Beides hat sie fremdeln lassen. Mittlerweile ist meine Mutter im Alltag eine der radikalsten Nischenaktivistinnen, die ich kenne. Beispielsweise ist sie ganz selbstverständlich bei CSD-Veranstaltungen hinter der Bühne aktiv, packt mit an, unterstützt mich auf verschiedene Weise oder toupiert die Perücken von auftretenden Travestiekünstler*innen. Und wenn im Umfeld ihres eher akademisch geprägten Freundeskreises polemische Stammtischfloskeln fallen, bleibt sie nicht still.

Als ich meiner Oma erzählte, dass ich mit einer Frau zusammen sei, sagte sie: »Sag's Opa nicht, der kann damit nicht umgehen.« Tünnkraam! Was für ein Quatsch!

Dass Opa mit einer solchen Nachricht nicht umgehen könnte, war der größte Unsinn. In Omas Hinweis spiegelten sich ihre ganzen Befürchtungen: »Was sollen die Nachbarn sagen?«; vor allem der Pastor. Und natürlich war das noch nicht alles. »Annie ist doch so schön …«

»Dass sie keinen Mann will, das ist doch so schade!«

»Hat das etwas mit einer schlechten Erfahrung zu tun, die Annie mal gemacht hat?«

Opa hatte mit all dem gar kein Problem, zumindest äußerte er keins. Einmal sagte er zu meiner Cousine, während ich gerade abwesend war, mit Blick auf meine Partnerin und mich: »Wenn se man blied sünd, denn is doch all up Stee!« – Wenn sie doch glücklich sind, dann ist doch alles in Ordnung!

So viel zu den Reaktionen auf mein selbst gewähltes und von keiner Seite erzwungenes Coming-out.

Ich weiß noch ganz genau, wie es sich angefühlt hat, zum allerersten Mal so richtig verliebt zu sein. Und das Großartige ist, dass ich es auch jederzeit noch einmal nachlesen kann. Ich war nämlich schon immer eine leidenschaftliche Schreiberin von Tagebüchern. In meine Kladden habe ich auch Briefe und Bilder von Freundinnen eingeklebt, Kinokarten und sogar kleine Streichholzbriefchen, wenn ich die von einer Person bekommen habe, die mir wichtig war oder mich etwas an einen besonderen Abend erinnerte. Und ich habe die Liedtexte meiner liebsten Bands abgeschrieben; manchmal dabei auch so umgeschrieben, dass sie zu meinem eigenen Leben passten.

Als ich vor Kurzem in einem Tagebuch blätterte, habe ich tatsächlich mein sechzehn Jahre altes Ich wiedergetroffen.

Ach, wenn das wirklich möglich wäre, so eine Zeitreise in die Vergangenheit … Zu schauen, wie man damals so drauf war. Auf Bildern, die glatte, reine, jugendliche Haut zu bewundern und sich dabei vielleicht noch einmal den ein oder anderen Tipp für die Zukunft zu geben.

Ich bin in diesem Alter, in dem ich bereits lange nicht mehr bei meinen Eltern wohne, auch niemals zurückziehen wollte, aber bei ihnen noch ein paar Kartons mit alten Sachen auf dem Dachboden habe. Dinge, die einfach beim vorvorletzten Umzug stehen geblieben sind. In den Kisten sind Dinge, die ich (noch) nicht wegschmeißen möchte, aber die ich auch nicht täglich brauche. Von Zeit zu Zeit gibt es Diskussionen, ob ich all das nicht endlich einmal abholen möchte. Kürzlich war es wieder so weit, meine Mutter sagte: »Die Kartons müssen weg!«

So stand ich auf dem Dachboden zwischen Spielsachen, meinen ersten Holzschuhen, die bei uns »Holsken« heißen, Klamotten aus den Neunzigern (die bereits wieder modern sind…), Kelly-Family-CDs, einem Schokoladen-Fondueset und Leonardo-Partygläsern. Also inmitten meiner ersten dreißig Lebensjahre und Erinnerungen.

Es war eine Gefühlsachterbahn mit viel Weinen, Wundern und Lachen. Ich habe mich mit einigen Unterbrechungen durch die Sachen gewühlt, mir zwischendurch die Tränchen aus den Augenwinkeln gewischt und mich drei Tage lang in eine vergangene Welt begeben.

Eine meiner Nichten hat dann etwas von meinem Spielzeug bekommen. Ein paar pädagogische Lehrbücher aus der Studienzeit habe ich meiner Freundin Tina vorbeigebracht. Am Ende habe ich auch einiges weggeschmissen und mich von mehr Sachen getrennt, als ich vorher gedacht hätte.

In einem Karton habe ich schöne, schon fast vergessene Familienfotos, mein Poesiealbum und eine Jethro-Tull-Konzertkarte aus 1999 gefunden. Und eben den größten Schatz, der mit Gold nicht aufzuwiegen ist: Meine Tagebücher. Was für ein großes Glück, dass ich die noch habe!

Meine Handschrift war früher eine andere, der Inhalt der Einträge ist teilweise ein großes Durcheinander und steht sinnbildlich für mein Innerstes zu der Zeit, als ich ein Teenager war. Beim Blättern blieb ich immer wieder hängen und fand meine Geschichten spannender als jeden Krimi, jedenfalls konnte ich die Tagebücher kaum zur Seite legen. Nicht zu fassen, was da alles los ist im Kopf eines pubertierenden Mädchens – zu einer Zeit, in der ein bunt ausgemaltes »Carpe diem« noch mit Ernsthaftigkeit und Vehemenz gespickt ist. Zeitgleich war, wenn man meinen literarischen Ergüssen in den Tagebüchern Glauben schenkt, mein Leben damals voller Drama und auch voll von unfassbar vielen Menschen, für die ich geschwärmt habe. Geradezu flatterhaft, ständig neu »verliebt«! Die Tagebuchseiten sind jedenfalls voll von Schilderungen tiefster Liebe, Leid und brennendem Herzen. Das alles habe ich heute tatsächlich nicht mehr auf dem Schirm gehabt. Und alles, ja wirklich alles, was ich damals dachte und niederschrieb, schien so existenziell, als wenn mein ganzes junges Leben davon abhängen würde. Es gab nur himmelhoch jauchzend oder zu Tode betrübt.

Schon viele Stunden hatte ich sortierend und lesend auf dem Dachboden verbracht, als ich die (!) Entdeckung des Tages machte. Sozusagen das größte Geschenk an mich selbst. Staunend las ich, dass ich wirklich den Moment festgehalten hatte, in dem ich mich zum allerersten Mal ernsthaft verliebt habe. So richtig verliebt, über beide Ohren mit allem, was dazugehört. Ich war sechzehn, und das Kribbeln in meinem Bauch war stärker als alles, was ich jemals zuvor erlebt hatte.

Die Szene steht mir bildhaft vor Augen, als ich die Schilderung im Tagebuch lese, wie ich im Spanischunterricht sitze, mich nicht konzentrieren kann und mich frage, was mit mir los ist. Immer wieder lege ich mir die rechte Hand auf die Brust, weil ich denke, dass mein Herz gleich herausspringt, so stark klopft es. Zunächst befürchte ich, dass ich eine Panikattacke habe, doch dafür geht es mir viel zu gut. Und dann kommt der große Moment der Erkenntnis. Der Nebel der Gefühle lichtet sich, die Sonne geht am Horizont auf, denn ich weiß auf einmal: Ich bin verliebt! In Michele!

Sie ist meine Basketball-Assistenztrainerin, hat gerade die Highschool verlassen, um am College zu studieren. Dunkle Haare, riesige Augen, lauter als ich und einfach skandalös cool.

Und weil ich es jetzt, beim Lesen in meinem alten Tagebuch, kaum mehr aushalte, nicht zu wissen, wie es Michele heute geht, schreibe ich sie direkt bei Facebook an und schicke ihr eine Übersetzung meiner Tagebuchseiten auf Englisch. Meine Güte, bin ich aufgeregt! Michele schreibt zurück, seitdem sind wir in regelmäßigem Kontakt, schmunzeln beide oft über diese Zeit damals an meiner Highschool. Und ich muss auch jetzt lächeln, während ich diese Zeilen schreibe.

Wir wollen uns nun das nächste Mal, wenn ich in den USA bin, treffen und gemeinsam in Erinnerungen schwelgen. Jungedi!

Es war eine aufregende Reise. Die Kartons sind nun leer. Mama freut sich. Jetzt stehen nur noch die Kartons ihrer anderen sechs Kinder auf dem Dachboden.

Und ich fühle mich erwachsen.

Im Zweifel für die Liebe

Jetzt geht's ans Eingemachte! Es geht an die Substanz und mein Persönlichstes. Mein Persönlichstes, Intimstes, oft Stein des Anstoßes, steht immer wieder zur Diskussion, ist ein Politikum. Es gibt nur ein Dafür oder Dagegen: Meine Art zu lieben.

Täuscht euch nicht: Wer sexuell unmoralisch lebt, Götzen anbetet, die Ehe bricht, wer sich von seinen Begierden treiben lässt und homosexuell verkehrt, wird nicht in Gottes Reich kommen[3].

Ich war siebzehn, als ich das las, und geschockt. Da steht, dass ich nicht in Gottes Reich kommen werde, weil ich liebe, wie ich liebe und wen ich liebe. Wie konnte das passieren, dass ich erst so spät über diesen Satz in der Bibel gestolpert bin?

Nie zuvor habe ich gesagt bekommen, dass die Liebe, die ich zu jemandem empfinde, mich von Gott trennen wird, eine Sünde sei. Mein Gefühl: Man hat mich hintergangen, mir den Himmel versprochen und die Hauptbedingung, dorthin zu kommen, verschwiegen. Und dann kommt in der Bibel ein paar Seiten später auch noch der Beweis, dass Paulus, der Verfasser des Briefes an die Gemeinde in Korinth, doch so viel von Liebe verstanden hat. In seinem Brief steht über die Liebe für mich so viel Wahres und Schönes, woran ich festhalten und glauben will.

»Sie erträgt alles, glaubt alles, hofft alles, hält allem stand.
Die Liebe hört niemals auf.«

Kann der Mann, der das geschrieben hat, wirklich meine Liebe verteufeln und hat damit auch noch recht?

Keine Auslegung nach dem Motto: »Ach, der Paulus war auch nur ein Kind seiner Zeit!«, keine Dekonstruktion meiner eigenen Glaubenssätze konnte mir helfen. Immer wieder pochte es in mir: Ich gehöre einer Glaubensgemeinschaft an, die mich im Innersten ablehnt. Meine Glaubensgeschwister können mich diskriminieren und anfeinden und sich dabei auf diesen Text berufen. Sie können sich mit Schildern auf die Straße stellen, auf denen steht, dass ich in die Hölle komme, und behaupten, dass dies in Gottes Namen sei.

Die Fragen von Mitmenschen, wie ich lesbisch sein und gleichzeitig an einen mich dafür ablehnenden Gott glauben könne, konnte ich mit siebzehn noch nicht beantworten. Dabei steht in den meisten Übersetzungen gar nicht mehr das Wort »homosexuell«. Doch der Gedanke war in der Welt und konnte nicht mehr zurückgenommen werden.

Genauso wie es unmöglich ist, Zahnpasta, die man versehentlich zu viel herausgedrückt hat, wieder zurück in die Tube zu bekommen. Der Satz, der mir zu schaffen machte, stand wortwörtlich in der Bibelausgabe *Hoffnung für Alle*. Absurderweise hatte ich diese Ausgabe zur kirchlichen Trauung geschenkt bekommen.

Die Bibel sollte doch eigentlich so geschrieben sein, dass wir die Texte auch alle verstehen können – und doch merke ich immer wieder, dass ein »unbetreutes« Lesen nicht empfehlenswert ist. Für Menschen wie mich, die sich nicht angenommen fühlen, ebenso wie für andere, die es lesen und sich dadurch ein Vorurteil bilden.

Ich klage an: So viel Leid für so viele Menschen, ausgelöst durch einen vermutlich in der damaligen Situation völlig überforderten Paulus und unzählige Übersetzende, die ihre eigenen Sexualmoralvorstellungen und die ihrer Zeit in die Schrift hineingebastelt haben. Christ*innen, die sich heute unter der Überschrift »Bibeltreue« quasi irrtumsfrei auf die Aussage von Paulus berufen, mit fundamentalem Anspruch ihr Weltbild verteidigen und andere für ihre Art zu leben verurteilen.

Wie gesagt: Der Satz ist in der Welt, wir alle müssen mit der Situation nun umgehen, und das macht mich wütend. Euch, die ihr genau zu wissen meint, was Gottes Wille für mein Leben ist – was mit Blick auf die Liebe zwischen zwei Menschen erlaubt ist und was nicht. Ihr macht es uns damit, es euch leicht machen zu wollen, so verdammt schwer! Ich schreibe mich in Rage, kommen wir zum Wesentlichen.

[Hier würde ich eine dramatische Atempause machen, würde ich vor euch stehen.]

*

Was hat das Ganze damals mit mir gemacht? Hat es mich in meinem Glauben geschwächt? Weit gefehlt. Ich habe mich nach theologischem Handwerkzeug gesehnt, viel gelesen und gehört – und es aufgesogen. Für jede Erklärung und Entkräftigung der maßgeblichen Bibelstellen war ich dankbar. Denn ich wusste, ich brauche dieses Wissen, um so manche unwürdige Situation besser auszuhalten. Momente, in denen mir mein Gegenüber am Ende einer meist nicht von mir selbst gewählten Diskussion ein entwaffnendes und enttäuschendes »Äh... Trotzdem« vor das Herz wirft. Und das nach einer oft erniedrigenden Seelenentblößung meinerseits. Nach und nach habe ich gemerkt, dass ich umso mehr auf meine eigene

Gotteserfahrung und mein persönliches Gewissen hören muss.

Und zwischen Gott und mir ist alles gut. So richtig gut.

Nur mit der Kirche habe ich noch eine Rechnung offen. Immer wieder habe ich das Gefühl, dass sie mir etwas schuldig ist. Dass zwischen uns eine Rechnung offen ist, so wie der Deckel in meiner Stammkneipe übernommen werden will. Ich erwarte von meiner Kirche, dass sie mir irgendwann so richtig einen ausgibt – also metaphorisch. Kirche hat genügend abgefüllte Flaschen mit festen Umarmungen und großen Zeichen im Vorratsschrank. Schenkt uns, die von euch so verletzt wurden, endlich reichlich ein.

Die Kirche ist schließlich nicht »Bud Light«. Die Biermarke ist in 2023 zwischen die Fronten der Liberalen und Konservativen geraten, völlig unabhängig davon, ob diese überhaupt Bier trinken oder nicht. Es wurde zum Boykott von »Bud Light« aufgerufen, welches eine der beliebtesten Biermarken des Landes ist, aus dem einzigen Grund, weil sie mit einer Transgenderperson in den sozialen Medien kooperiert hat. Der Wind wehte scharf und menschenunwürdig von politisch rechts und vor allen Dingen von Anhänger*innen des früheren Präsidenten Donald Trump. Es fielen Worte wie Gender-Propaganda und Entfremdung.

Kid Rock, vielleicht erinnert sich noch der eine oder andere an seine patriotische Coverversion des Countryrock-Klassikers *Sweet Home Alabama*, postete auf X (formerly known as Twitter) ein kurzes Video als Reaktion. Behütet mit einem »Make America Great Again«-Cap schießt er mit seinem Gewehr auf volle »Bud Light«-Bierdosen, schimpft über den Bierkonzern und zeigt seine Mittelfinger in die Kamera.

Den Konservativen geht das Engagement, um Menschen vor unterschiedlichster Diskriminierung zu schützen, zu weit.

Und wer auf »woke« setzt, der wird halt verschmäht und geht pleite, schallt es aus dem republikanischen Lager.

Eventuell geht es einigen zu weit, hier eine Biermarke mit der Kirche zu vergleichen, doch haben sie wirklich recht viel gemein. Beide haben kulturellen Einfluss und Anhängerschaften, spielen mit ihrer Marke und ihren Logos, sie prägen unseren *way of life* und Traditionen, beide sprechen viel von Reinheitsgeboten und haben die Chance, Gemeinschaft zu bilden. Doch von einer (meiner!) Kirche erwarte ich, dass sie sehr viel mehr ist, kann und wagt als eine Biermarke.

Nachdem der Boykott der Marke bereits nach zwei Wochen dazu führte, dass die Aktie des Unternehmens 4,5 Prozent einbüßen musste, ergriff der CEO des Unternehmens das Wort. Er sei dafür verantwortlich, dass jeder stolz auf sein Bier sein könne, das sie brauen, und dass es nie die Absicht des Unternehmens war, Teil einer Diskussion zu werden. Sie seien ein Unternehmen, das Menschen bei einem Bier vereinen möchte. Das ist so dolle Fähnchen, wie etwas nur Fähnchen sein kann. Denn hier muss der Jahresabschluss stimmen. Der ist wichtiger als Haltung und steht über sozialer Verantwortung.

Ich erwarte von meiner Kirche, dass sie etwas tut, dass sie Zeichen setzt und standhaft in ihrer Botschaft der Liebe bleibt. Sich nicht durch einen Kulturkampf zerreißen lässt. Ja, Kulturkampf, denn hier wird nicht wirklich über die Botschaft und der Auslegung der Bibel gestritten. Es hilft nicht allein, dass die Kirche mit einem Truck bei einer CSD-Demonstration mitfährt. Eine nachhaltige Auseinandersetzung mit den Menschen, die dort mitfahren, sich live trauen lassen, mit all ihren Verletzungen und ihrer Angst ist notwendig. »Liebe tut der Seele gut.« Unter diesem so wunderschönen und so wahren Satz fahren die Trucks der evangelischen Kirchen auf den

Demonstrationen mit. Auf den Trucks wird gefeiert, getraut und getanzt, und das ist gut so. Trotzdem erwische ich mich dabei, wie ich mir manchmal insgeheim wünsche, dass über dem Truck ein riesiges Banner angebracht ist mit: »ES TUT UNS LEID. Wir bitten um Entschuldigung. Wir bitten um Vergebung für all das, was wir euch angetan haben.«

Den ersten Gottesdienst zum CSD in Oldenburg habe ich in 2012 organisiert. In und für die größte und älteste Kirche am Platz, zwischen Rathaus und Schloss, in der imposanten Lambertikirche. Angemessen für diesen Anlass, wie ich finde. Es formte sich schnell ein Team aus Menschen, die mit mir organisieren wollten, Pastorin und Pastor der Kirche brannten engagiert für die Sache. Mit dem Segen der Kirchenältesten machten wir uns an die Vorbereitung und rätselten an vielen Stellen, wie wir Menschen nicht vor den Kopf stoßen, die innerhalb der Gemeinde noch nicht so weit waren, diesen Gottesdienst in ihrer Kirche zu begrüßen. Da keine Flaggen oder Fahnen in der Kirche hängen dürfen, nähten und säumten wir unter Anleitung einer Mitorganisierenden fünf Meter Stoffbahnen in den einzelnen Farben des Regenbogens, die wir dann in richtiger Reihenfolge von der Empore hängen ließen. Mein Papa würde mit dem Organisten zusammen den Gottesdienst musikalisch begleiten, und als Lektor hatten wir sogar den Bürgermeister an Bord. Der Tag konnte also kommen, wir waren vorbereitet und voller Vorfreude. Der Gottesdienst wurde wie alle anderen Programmpunkte des CSD-Rahmenprogramms in den Medien veröffentlicht. Dann passierte es: Die ersten sehr unfreundlichen Mails trudelten in unseren Postfächern ein. Auch handschriftliche Briefe landeten in unseren Postkästen. Ich las Sätze wie:

»Schwul sein wiegt als Sünde so schwer wie Mord!«

»Was würde die Gesellschaft wohl sagen, wenn Mörder für ihre Rechte auf die Straße gehen würden?«

»Homosexualität ist todeswürdig!«

»Wie kann man diese Sünder in den Altarraum lassen?«

Beim letzten Satz ging es um Schwester Lea O'Hura, Schwester des Ordens der perpetuellen Indulgenz. Ein Orden von Menschen in Nonnenhabit, mit bunt geschminkten Gesichtern, die Aufklärungsarbeit zu HIV und Aids betreiben.

Pastor Dr. Ralph Hennings hatte wirklich große literarische Würfe in seinem Postfach zu verzeichnen: Er solle sich doch bei der nächsten Predigt live einen Anal-Plug einführen. Und man wünsche ihm, dass er sich bei seiner Aids-Gärtnerei selbst anstecken möge.

Ich bekam Angst. Können wir das wirklich machen? Sind wir sicher?

Ralph sagte: »Jetzt erst recht, Annie!«

In der darauffolgenden Nacht schrieb ich die ersten vier Zeilen eines Liedes, das später zu einer unserer Familienhymnen werden sollte.

Un ik fall, fall un fall, daar kummt al Land in Sicht.
Ik fall, fall un fall, mennigeen seggt lichtsinnig.
Man stört ik of in Drievsand oder gah verlor'n
in en frömden Land
ritt dör en starken Band, fall ik seeker nich deeper
as in dien Hand.

Wir feierten mit einem lautstarken »Danke, dass wir so wunderbar gemacht sind« einen bunten, wunderschönen, den Rücken stärkenden Gottesdienst. Ohne Demonstrierende vor der Tür, dafür mit ganz viel Tränen in den Kirchenbänken. Bis heute bin ich so dankbar für dieses »Jetzt erst recht, Annie!«. Ich schrieb die vier Zeilen auf eine Karte und band sie mit Kräuselband an eine Weinflasche, die ich beim ersten Treffen nach dem Gottesdienst Ralph überreichte. Es gab nichts, was angemessen gewesen wäre, Ralph als Dank zu überreichen, das schien mir das einzig Richtige zu sein.

Wir feiern seitdem jährlich einen immer voller werdenden Gottesdienst, bei dem sich als Lektor*innen die Prominenz die Klinke in die Hand gibt, die Fürbitten und die Predigten so mutig sind wie die Menschen, für die sie gehalten werden, und Papa spielt immer noch jedes Jahr, und Schwester Lea O'Hura rührt uns mit ihren Fürbitten jedes Jahr zu Tränen.

Immer mit dem Wissen, es gibt Menschen, die uns dort nicht haben wollen.

Ik fall seeker

Ik doch faken, ik harr di verlor'n
dat Leven treckt so gau
vörbi un is ok leep fassfohr'n
un mennigmaal meen ik genau
to föhl'n, dat mien Geschicht
geiht di tegen de Streek
man denn wiest du mi
du glöövst an un traust up mi

Un ik fall, fall un fall, daar kummt al Land in Sicht.
Ik fall, fall un fall, mennigeen seggt lichtsinnig.
Man stört ik of in Drievsand oder gah verlor'n in en fröm-
den Land
ritt dör en starken Band, fall ik seeker nich deeper as in dien
Hand.

Mi fehlt de Moot to'n Upbröök
Inslaan en annern Weg
Mennigmaal seh ik al an Enn dien Lücht
höör de Worden, de du seggst.
Ik föhl, wo se mi beröhr'n
Dien Segen kann ik denn foss spör'n
Will nich mehr holl'n daartegen
un will di wesen en Segen

Du hest man alls al vördem wusst
Waar en nejen Anfang is un elke Sluss
of de Weg word stenig oder blot liek
Du büst överall un immer togliek
Büst bi mi un alltied nah
Mutt mi nich fragen, wennehr un waar
Well dütt ik leven un wat geneten
Ik weet dat dör mien Geweten.

(Annie Heger)[4]

Wir versuchen nicht auf einmal, auch den Sozialraum Kirche für uns zu erobern. Wir waren schon immer da. Doch Kirche war noch nie ein sicherer Ort für uns.

Quinton Ceasar ist Pastor in Ostfriesland in meiner Heimatstadt Wiesmoor. Beim Kirchentag im Juni 2023 stand ich in Nürnberg, völlig von den mächtigen Posaunenchorklängen emotionalisiert, zwischen 20 000 anderen Menschen vor der Bühne am Hauptmarkt und wartete auf seine Predigt beim Abschlussgottesdienst. Ich wusste nicht, was mich erwarten würde, inhaltlich hatten wir nicht vorher über die Predigt gesprochen. Aber ich war selten in meinem Leben stellvertretend so aufgeregt.

Als dann ein »Moin mitnanner!« über die mittelfränkischen Lautsprecher ertönte, jauchzte ich laut, und mein Herz hüpfte in meiner Brust vor Freude auf und ab. Doch das, was danach kam, ließ es beben. Ich konnte es nicht fassen, als ich diese Worte hörte:

Meine Geschwister und ich –
wir sind Kirche.
Wir sind kein Gegenüber,
und wir brauchen keine Nächstenliebe
und Zuwendung von oben herab.
Wir sind Kirche.
Und meine Geschwister und ich, wir sagen: Jetzt ist die Zeit!
Wir vertrauen eurer Liebe nicht!
Wir haben keine sicheren Orte
in euren Kirchen.

Die Zeit ist jetzt, zu sagen: Wir sind alle die Letzte Generation.
Jetzt ist die Zeit, zu sagen: Black lives always matter.
Jetzt ist die Zeit, zu sagen: Gott ist queer.
Jetzt ist die Zeit, zu sagen: We leave no one to die.
Jetzt ist die Zeit, zu sagen: Wir schicken ein Schiff und noch viel mehr.
Wir empfangen Menschen in sicheren Häfen.
Safer spaces for all.

Zwischen den Sätzen johlte ich mit tränenerstickter Stimme. Diese Dringlichkeit, mit der Quinton die Themen ansprach. Die damit verbundene Hoffnung und das Gefühl, jetzt endlich auch von der Kirche wirklich gesehen zu werden, war für mich und viele andere so heilsam. »Gott ist queer.« Das haben alle auf dem Platz gehört und noch viel mehr an den Fernsehbildschirmen.

Das, was Quinton nach dieser Predigt an Hass entgegengeweht ist, war heftig. Aber seine Worte waren so wichtig für Menschen wie mich und viele andere, die sich seit Jahren nach einem positiven Zeichen ihrer Kirche sehnten!

Ich hatte das große Glück, an diesem Tag nach dem Abschlussgottesdienst mit Quinton in der Bahn Richtung Ostfriesland zu fahren. Wir schwebten beide auf einer Adrenalinwolke durch den Zug. Ich konnte ein lautes Aufschluchzen und die Tränen nicht unterdrücken, als die Reisenden, die erkennbar ebenfalls beim Kirchentag waren (alle trugen die grünen Kirchenschals), anfingen zu applaudieren, als wir in Hannover in ihr Abteil umstiegen.

Quinton zitierte in seiner Predigt auch den Schwarzen und schwulen Schriftsteller und Aktivisten James Baldwin, der gesagt hat: »Die Liebe war noch nie eine Massenbewegung.« Aber an dem Tag fühlte es sich so an! Ich hab sie so gefühlt, diese Liebe, die befreit. Die Liebe, die alles besiegt.

Nächstenliebe ist ein fragiles Band, das Pflege und Achtsamkeit braucht, um uns wirklich zu verbinden. Erst einmal müssen wir uns selbst lieb haben, um anderen Liebe schenken zu können. Doch ich bin optimistisch, wie Quinton, und ich werde versuchen, allen angstfrei und liebevoll zu begegnen. In dubio pro amor – im Zweifel für die Liebe.

Stöönpahl: Familie

Familie …
… ist der Wind, der das Segel füllt,
ist der Grund, der den Anker hält,
und der Kompass in die Welt.

(»Welchen Jubel, welch Familie« – Die Deichgranaten)[5]

Jetzt wird's heilig. Und zwar so richtig. Meine Familie ist mir heilig!

Die Einzige, die über sie auch mal fluchen darf, bin ich selbst. Ich liebe es, wenn die ganze Bude voll ist und alle laut durcheinanderreden – Kindergeschrei und singende Menschen überall. Da werden Kochlöffel in riesigen Töpfen und Herzen mit Worten gerührt. Heimat und Zuhause zugleich. Da sind meine Wurzeln tief im dichten und beständigen Torfboden, und ich fühle mich wie ein kleines Bäumchen, das sich in alle Richtungen recken kann und frische Luft schnappt. Aus dem Familienboden hole ich mir reiche Nahrung, tanke Kraft, um so manchem Gegenwind standhalten zu können.

Doch Familie ist auch kompliziert, zumindest in meinem Fall kompliziert zu erklären.

Meine Großeltern bekamen zwei Töchter. Eine davon, meine Mutter, heiratete meinen Vater, und sie bekamen mich. Sie fanden es schön mit mir, und da meine Mutter zu Hause war und nicht irgendwo anders arbeitete, bewarben die beiden sich als Pflegefamilie. Kurze Zeit später kamen zwei weitere Kinder in unsere Familie, ein kleines Baby und dessen sechsjähriger Bruder. Einen Monat später war meine Mutter mit meiner Schwester schwanger. So bin ich innerhalb von zehn Monaten zu drei Geschwistern gekommen. Mein Pflegebruder verließ uns dann nach kurzer Zeit wieder, das kleine Mädchen blieb. Es kam dann später noch ein weiteres Pflegebaby in unsere Familie, das jedoch nach kurzer Zeit wieder ging. Meine Eltern trennten sich, und meine Mutter lernte danach einen neuen Lebenspartner kennen, der alleinerziehender Vater von vier Kindern war. Wir zogen zusammen: Zwei Erwachsene, sieben Kinder, die Katze Shadow und das Kaninchen Nicki. Ich habe durch dieses Kuddelmuddel drei Schwestern, die fast gleich heißen. Alle sechs sind meine Geschwister, wer etwas anderes behauptet, hat keine Ahnung. Zu allen habe ich unterschiedliche geschwisterliche Beziehungen. Manche stehen mir näher, streiten kann ich mich mit allen. Meine Geschwister haben mittlerweile alle jemanden an ihrer Seite, und ich bin jetzt elffache Tante.

Die andere Tochter meiner Großeltern, also meine Tante, heiratete ebenfalls und bekam eine Tochter. Später trennte sie sich von ihrem Mann und heiratete ein weiteres Mal. Ihr zweiter Bräutigam war etwas älter als sie und ebenfalls schon einmal verheiratet. Aus dieser Ehe brachte er längst erwachsene Kinder mit, die selbst schon verheiratet waren und bereits Kinder hatten …

Und das alles ist unsere »Weihnachtsfamilie!«.

Unser Weihnachtsfest war und ist immer ein besonderes Unterfangen. Manchmal waren wir am ostfriesischen Kanal im Haus meiner Tante 25 bis 30 Menschen, von denen die allerwenigsten blutsverwandt sind. Die familiären Entwicklungen und Verstrickungen sind bestimmt nicht das, was sich meine Großeltern für ihre Töchter gewünscht hätten. Sie hätten es sich auch gar nicht vorstellen können. Dennoch saß früher an Heiligabend auf dem Ostfriesensofa neben dem Klavier im Haus meiner Tante ein immer summender oder durch die Zähne pfeifender Opa im Hintergrund. Er schaute sich dabei das Treiben, das Drunter und Drüber, mit Stolz, einem warmen Herzen und Tränen in den Augen an.

Meine Tante hat für die Menschen, die neu in unsere Familie kamen, sogar vor vielen Jahren eine kleine Anleitung mit Fotos und Beschreibungen all unserer Rituale und Traditionen gebastelt. In diesem Heft steht auch, warum uns etwas an diesen Weihnachtstagen wichtig ist.

Rituale und Traditionen sind für mich wie Säulen, sie geben mir Halt in meinem so schnellen Leben. Beispielsweise im Advent. Ich brauche ein geradezu durchritualisiertes Fest, damit Weihnachten in mein Herz einzieht. Tage der Besinnung und Entspannung. Indem ich Rituale wie das Anzünden der Kerzen auf dem Adventskranz pflege, spüre ich auch, auf was ich mich freuen kann. Wenn ich im Dezember auf Weihnachtskonzerttournee bin, habe ich einen kleinen Reiseadventskranz dabei. In meinem Leben ist kein Tag wie der andere, deshalb sind Struktur und Verlässlichkeit gerade an Adventstagen für mich besonders wichtig, um richtig in Stimmung zu kommen. An Heiligabend, zu Beginn des Festes, brauche ich den gemeinsamen Ostfriesentee. Am Abend, wenn wir das erste Mal ins Weihnachtszimmer laufen, staune ich über die echten Kerzen am Weihnachtsbaum, weine mich vor Rührung durch das dann von uns als Familienchor erklingende *Stille Nacht,* den darauffolgenden Hausgottesdienst, den wir miteinander feiern, die unmögliche Geschenkeschlacht und die nächtliche

Feuerzangenbowle. Zu Weihnachten gehören für mich auch die immer gleichen Lieder. Und das traditionelle Essen. Du kannst dir vorstellen, wie herausfordernd in einer Großfamilie das Weihnachtsessen ist, bei so vielen unterschiedlichen Geschmäckern, Allergien und Intoleranzen. Die eine braucht es kohlenhydrat- und natriumarm, die Schwester ernährt sich ovo-lakto-vegetabil, der Bruder setzt noch ein »pisco« davor, und der neue Freund meiner Schwester, ach, der lebt einfach nur vegan. Was waren wir froh, als nach ein paar Jahren klar war, dass ich als Diabetikerin keinerlei Abstriche mit Blick auf meine Ernährung machen muss und die trockenen Diabetikerkekse endlich auf keinem Einkaufszettel mehr standen.

Wir zelebrieren an Weihnachten die Lösung aller Probleme, bei der alle Bedürfnisse erfüllt werden können: Raclette. Das ist gesellig, vielfältig, entspannt, lecker, und alle sind zufrieden. Bei der Menge an Menschen braucht es jedoch drei bis vier Raclettegeräte. Deshalb fliegt bei uns grundsätzlich mindestens zweimal am Abend die Sicherung raus, weil irgendjemand aus Versehen die Spülmaschine anmacht.

In den letzten Jahren war pandemiebedingt alles anders. In einem Jahr haben wir sogar vergessen zu singen. Wir saßen in kleiner Runde am Kamin am ostfriesischen Kanal zusammen, tranken Tee und schalteten eine meiner Schwestern per Zoom dazu. Sie saß dann quasi auf einem Extrastuhl in der Runde und schaute uns aus dem Laptop-Bildschirm an. Nachdem wir versucht haben, mit dieser Situation trotzdem angemessen und feierlich umzugehen, sagte sie schließlich: »Sagt mal, wollt ihr nicht endlich mal was singen?« Das trieb uns die Tränen in die Augen, meine Tante holte selbstverständlich die Gitarre, und wir sangen mit einem Kloß im Hals und dem Gefühl im Bauch, dabei ertappt worden zu sein, etwas uns doch so Heiliges missachtet zu haben.

Allmählich werde ich gelassener, wenn Menschen entscheiden, Dinge zu verändern, die wir »doch immer so gemacht haben«. Und ich sehe auch die Vorteile, sich nicht an etwas festzuhalten, das gar nicht mehr in unser Leben und zu uns passt, weil sich auch die jeweiligen Bedürfnisse verändert haben. Insgeheim weiß ich, dass ich emotional gar keine Abstriche machen muss, nur weil es an einem Festtag nicht Omas Kartoffelsalat nach dem Originalrezept gibt, weil jemand am Ende doch noch ein Radieschen reingeschnippelt hat.

Nicht all unsere Bräuche und Traditionen, an denen ich mich sehr lange festgekrallt habe, sind also geblieben, wie sie waren, sondern mit den Menschen, die nicht mehr bei uns sind, verschwunden. Meine Familie versucht, andere Rituale zu schaffen, ohne das, was uns ausmacht, die Musik, die Menschen und unsere Wurzeln, zu vergessen.

*

Wir haben alle unsere Chance in einer riesigen, wuseligen Patchworkfamilie bekommen, und jede und jeder hat das Beste aus der Situation für sich gemacht. Es hat mich weitergebracht, dass ich mich immer wieder auf Neues und viele unterschiedliche Charaktere einstellen musste. Es war eben nicht die klassische Aufteilung: Vater, Mutter, zwei Kinder; alle bleiben zusammen.

Rückwirkend betrachtet ist alles so richtig gewesen, wie es geschehen ist. Dass sich meine Eltern getrennt und nicht versucht haben, etwas aufrechtzuerhalten, das nicht mehr da war. Das war wichtig, dass wir uns danach neu zusammengefunden haben. Die Mühe hat sich gelohnt. Und es war wichtig, zu diesem großen Durcheinander, diesem Familien-Kuddelmuddel, *Ja* zu sagen. *Ja* zu Patchwork und zu all der Arbeit, die es mit sich bringt, wenn man will, dass der zusammengewürfelte Haufen eine Verantwortungsgemeinschaft wird.

Etwas neu zusammensetzen – ein Patchwork-Quilt ist eine aus kleineren zusammengenähten Stoffstücken, oft in mehreren Lagen gefertigte Handarbeit. Aus unterschiedlichen Stoffen etwas Neues, Schönes. Einzelne Teile werden zu einem großen, wärmenden Ganzen zusammengesetzt. Dafür braucht es Zeit und Geduld. Manchmal müssen einige Stücke im Nachhinein nochmals ausgetauscht werden, weil es nicht passt oder die Naht nicht fest genug ist.

Schon früher haben Frauen aus ganz unterschiedlichen Generationen zusammengesessen und zum Beispiel an Quilts für Hochzeiten gearbeitet.

Ich kann überhaupt nicht nähen, quilten, etwas absteppen oder einen Stoff auch nur gerade durchschneiden. Aber ich bin gut darin, dafür zu sorgen, dass keiner beim Quilten verhungert. So hat jeder seine Aufgabe in einem Familiengefüge, damit es funktioniert.

*

Als meine Mama mit uns drei Kindern und ihr neuer Lebenspartner mit seinen vieren zusammenzogen, war eines schnell klar: Wenn das hier funktionieren soll, dann braucht jedes Kind einen Rückzugsort. Wir benötigen sieben Kinderzimmer, damit jede und jeder sich auch mal rausziehen kann. Und es braucht zwei Küchen! Denn es ist wichtig, dass die Tage zunächst in den Ursprungsfamilien begonnen werden. Auf einmal sollen ganz unterschiedliche Menschen zusammenleben, von denen die einen zum Frühstück Nutella essen dürfen und die anderen nicht. Wenigstens der Tag sollte so beginnen, wie wir es kennen. Zwei Küchen sorgen für eine größere Stabilität. Es war natürlich nicht einfach, einen Ort zu finden, an dem wir all das zur Verfügung hatten. Aber es hat geklappt.

Wer schon einmal werktags um 7:30 Uhr im Regionalexpress von Oldenburg nach Bremen gefahren ist, kann sich ansatzweise vorstellen, wie die morgendliche Badezimmersituation bei uns zu Hause aussah. Eng. Eng. Eng. Die Sardinensituation im Regionalexpress fühlt sich vergleichsweise wie ein Wellnesskurzurlaub an.

Wenn ich nach der Schule nach Hause kam, schaute ich als Erstes immer in die eine Küche, denn da trafen wir uns mittags alle. Wenn ich kam, saßen am Tisch schon die Großen, einige meiner Geschwister und auch ein paar Freunde, die noch nach der Schule mitgekommen waren. Manchmal waren da auch Leute, die ich gar nicht so genau kannte. Aber auf eine oder einen mehr kam es auch nicht mehr an. Das fiel fast nicht auf.

Wenn du auf dem Weg von der Schule nach Hause getrödelt hattest, konnte es sein, dass du gar keinen Sitzplatz mehr bekommen hast. Und als Kind stehst du morgens ja auch nicht um fünf Uhr auf und legst ein Handtuch über einen Küchenstuhl, wie im Mallorca-Kurzurlaub, um die Liege zu reservieren. Aber der Sitzplatz war nicht das einzige Problem. Denn wenn man einen Stuhl ergattert hatte, musste man checken, ob überhaupt noch etwas zu essen da war. Wenn nicht, dann musste man auf die nächste Fuhre warten. Oft aßen wir in Schichten, und es musste mehr als einmal der Herd angemacht werden, weil die Töpfe nicht groß genug waren, um die riesigen Mengen, die vertilgt wurden, zu fassen.

Wir Kinder waren uns vom Alter her recht nahe. Besonders die vier Jüngsten haben sich miteinander angefreundet. Das hatte den kleinen Nachteil, dass es dadurch nicht leicht für sie war, Freundschaften außerhalb der Familie aufzubauen. Es war ja immer jemand zum Spielen zu Hause; so war es nicht nötig, in der Schule Anschluss zu finden.

Mein einer Stiefbruder und ich sind die Ältesten der Geschwisterschar. Mein Jugendzimmer hatte ich weit weg von den Kinderzimmern der anderen in einem ganz anderen Teil dieses riesigen Hauses. Die Großen dachten, ich bräuchte in meinem Alter einen Raum, in dem ich mich etwas freier bewegen kann. Dennoch bin ich, wenn ich nachts von Partys nach Hause kam, immer in das Zimmer meiner einen Schwester geschlichen. Die hatte genau für diesen Fall eine Matratze unter ihrem Bett, die ich dann mit »duun Kopp« hervorziehen konnte, damit ich nicht alleine schlafen musste. Meistens habe ich mir noch ein Hörspiel angemacht, auch wenn schon die Sonne wieder aufging.

*

Wir haben recht viele Menschen in unserer Familie, die sehr auf Harmonie bedacht sind und deeskalierend auf die anderen wirken. Und dann gibt es mich und eine meiner Schwestern … Wenn wir aufeinandertreffen, kann es so richtig knallen. Aber wenn es mir schlecht geht, ist sie die Erste, die ich anrufen würde. Sie biegt nämlich ganz schön viel und vor allem sehr schnell in meinem Herzen und in meinem Kopf wieder zurecht. Wir beide sind uns sehr ähnlich, liegen vom Alter her nur fünf Jahre auseinander. Ich bin die Ältere, und daran könnte meine Schwester häufiger mal denken – dass ich damit auch die Klügere von uns beiden bin.

Als Kinder haben wir an vielen Stellen das Gefühl gehabt, dass unsere Bedürfnisse nicht gesehen werden. Wie auch!

Meine Eltern waren beide voll berufstätig. Und dann diese riesige Kinderschar! Wenn ich mir vorstelle, welche Sorgen ich allein meiner Mutter bereitet habe und das dann mal sieben multipliziere … Hilfe!

*

Uns als Familie verbinden die Erinnerungen an gemeinsame Feste und vor allen Dingen die gemeinsame Zeit in dem großen Haus. Ganz oben auf der Liste der Dinge, die uns verbinden, stehen die Großeltern.

Ein bisschen befürchte ich, dass wir uns in der Weihnachtsfamilie auf Dauer verlieren, weil die Großeltern inzwischen nicht mehr da sind und die Nähte im Quilt vielleicht zu schwach sind, um uns zusammenzuhalten. Es liegt jetzt an uns, daran zu arbeiten und neue Gemeinschaftserlebnisse zu schaffen, damit die Verbindung stark bleibt. Dass wir lernen, im Leben der anderen auf irgendeine Weise präsent zu sein. Großes und Kleines gemeinsam zu erleben, über das wir hinterher lachen oder diskutieren können.

Es bleibt: eine lohnenswerte Herausforderung.

Schuld

Mit zwölf Jahren hatte ich einen schweren Fahrradunfall. Ich erinnere mich nicht an den Unfallhergang, den hat mein Gehirn gelöscht, doch ich wachte irgendwann im Krankenhaus mit einem Schädelbasisbruch auf. Zum Glück ging das Ganze doch noch ziemlich glimpflich aus, die Kopfverletzung heilte, die anderen Schrammen auch, und ich kam wieder auf die Beine. Aber doch war da etwas, was ich nicht genau einordnen konnte.

Ein paar Monate danach saß ich bei meiner Mama im Auto und sagte zu ihr: »Ich glaube, ich habe eine schwere Krankheit.« Auf die Diagnose »Diabetes« wäre ich keineswegs selbst gekommen, ich dachte eher an so etwas wie Krebs oder HIV. Das waren für mich die schlimmsten Krankheiten, von denen ich schon einmal gehört hatte. Es war nicht wirklich so, dass es mir richtig schlecht ging, aber ich spürte diffus, dass etwas nicht stimmte. Eine Vorahnung. Vielleicht war es auch die beginnende Pubertät mit einhergehendem Hormonchaos, wer weiß. Meine Mutter beruhigte mich, dass ich mit großer Sicherheit weder Krebs noch HIV hätte. Und auch sonst »nichts Schlimmes«. Wie sie sich irren sollte.

Irgendwann brachte ich meine kleine Schwester mit dem Fahrrad zu unserer Kinderärztin und erwähnte beiläufig, dass es mir auch nicht so gut ginge, sagte, ich hätte ein bisschen Bauchschmerzen. Ich musste Urin abgeben, saß eine Weile im

Wartezimmer, bis der Schnelltest gemacht war – und dann wurde es auf einmal sehr hektisch in der Praxis, mein Blutzucker wurde gemessen, und ich war in kürzester Zeit im Krankenhaus. Dort wurde die Diagnose »Diabetes mellitus Typ I« gestellt. Da war ich dreizehn Jahre alt.

Es gibt bestimmt kein gutes Alter für eine Diabetesdiagnose, aber dreizehn ist ein extrem beschissenes Alter dafür – und dafür gibt es auch kein blumigeres Wort. In diesem Alter die Diagnose zu bekommen, eine chronische Erkrankung zu haben, die einen in so viele Abhängigkeiten stürzt, das ist hart. Mit dreizehn bist du gerade dabei, dich ein bisschen von deinen Eltern abzunabeln, zwischendurch auch mal richtig maßlos zu sein, über die Strenge zu schlagen, Dinge auszuprobieren, ja, sogar richtig dumme Dinge auszuprobieren. Auf einen gesunden, jugendlichen Körper hat das meist keinen nennenswerten Einfluss. Bei mir konnte eine kleine Maßlosigkeit gleich zu einer großen Katastrophe führen. Und ich habe es so richtig ausgereizt.

Nach der Diagnose kam ich ungefähr drei Wochen ins Krankenhaus, um »eingestellt« zu werden. Es musste ausgelotet werden, wie viel Insulin ich für wie viele Kohlenhydrate zu welcher Tageszeit brauche und wie sich beispielsweise sportliche Aktivitäten auf meinen Insulinbedarf auswirken. Denn ein Tröpfchen zu viel hätte bereits gravierende Auswirkungen. Die Zeit im Krankenhaus war schlimm, denn es hatten gerade die Herbstferien begonnen und gleichzeitig der Oldenburger Kramermarkt. Ich sehnte mich die ganzen drei Wochen (und noch lange darüber hinaus) nach den Jahrmarkts-Angeboten: Champignonpfanne, Zuckerwatte und gebrannte Mandeln. Zu dieser Zeit war ich sowieso unglaublich hungrig! Jeden Tag malte ich mir aus, wie sich die richtige Kombination aus heißen Champignons, würzig-cremiger Knoblauchsoße und einem Bissen labberigem Toastbrot in meiner gierigen Kehle anfühlen würde. Wie die Süße der Zuckerwatte beim Schmelzen auf der Zunge hinter den Ohren kitzelt und wie es sich anfühlt, wenn man eine ganze Tüte knuspriger gebrannter Mandeln aufgeschlickert hat und sich danach die Karamellreste von den Fingern schleckt.

Bis heute kann ich auf Jahrmärkten an den Ständen, an denen all diese Leckereien angeboten werden, nicht vorbeigehen. Wer braucht schon Power Tower, Autoscooter und Bayernzelt, wenn die Düfte guten Essens die Sinne betören. Da verblassen für mich alle Lichter der Fahrgeschäfte, und ich vergesse die ganze laute Welt um mich herum. So als würde ich nachträglich dieser traumatisierenden Zeit damals im Krankenhaus den Mittelfinger zeigen und einfach alles, was einst nicht ging, nachholen wollen.

Im Oldenburger Kinderkrankenhaus bekam ich kaum Besuch von Mitschüler*innen, denn diese waren von der ganzen Situation viel zu verunsichert. Wir waren alle noch nicht in dem Alter, in dem ein Krankenhausbesuch dran ist. Dafür bekam ich täglich mehrere Schulungen in Ernährung, Insulin spritzen, Kohlenhydratberechnungen und Poker. Einer der Pfleger auf meiner Station spielte jeden Tag ein paar Runden mit mir, um mich ein bisschen abzulenken. So lernte ich Bluffen, Dealen und Checken.

In Deutschland leben laut dem »Deutschem Gesundheitsbericht Diabetes« 11 Millionen Menschen mit der Krankheit, davon haben ungefähr 342 000 wie ich Diabetes mellitus Typ I.

Die Ursachen dafür, wer diesen Typus der Krankheit bekommt, hat man noch nicht gänzlich erforschen können. Es ist wahrscheinlicher, Diabetes mellitus Typ I zu bekommen, wenn es bereits erkrankte Familienmitglieder gibt, doch neben einer genetischen Disposition sind auch Umwelteinflüsse und Viruserkrankungen Auslöser. Es kann auch daran liegen, dass bei mir der Unfallschock dazu geführt hat, dass mein Körper anfing, gegen sich selbst zu kämpfen.

Diabetes mellitus Typ I ist eine Autoimmunerkrankung, bei der das Immunsystem Freunde mit Feinden verwechselt und so die insulinproduzierenden Zellen in der Bauchspeicheldrüse zerstört. Insulin ist ein Hormon, das du dir wie einen Schlüssel vorstellen kannst. Dieser schließt vereinfach gesagt unsere Zellen im Körper auf, damit die Glukose im Blut, die wir über Kohlenhydrate zu uns nehmen, als wichtiger Energielieferant hineinkommt. Wenn das Ganze nicht funktioniert, weil die Bauchspeicheldrüse kein Insulin mehr produziert, bleibt der Zucker im Blut und zerstört auf seinem Weg durch den Körper Organe, Nerven und Gefäße. Wer wie ich Diabetes mellitus Typ I hat, muss Insulin von außen zuführen. Das geschieht entweder durch eine Injektion mit einem Insulinpen oder eine Insulinpumpe. Ich habe damals noch mit Einwegspritzen angefangen.

Man könnte denken: »Dann verzichte doch auf Kohlenhydrate – Problem gelöst!« Doch so einfach ist es leider nicht, denn ohne Kohlenhydrate stirbt unser Körper. Dazu kommt, dass unser Gehirn auf Glukose angewiesen ist, um ordnungsgemäß zu funktionieren.

Soviel zu Low Carb und Atkins-Diät, dabei verliert man vielleicht nicht nur ein paar Kilo, sondern Hirnleistung.

Und wenn du mir sagst, deine Oma hätte auch Zucker, du kennst dich also mit meiner Krankheit aus, dann sag ich dir: Nein, mit recht großer Wahrscheinlichkeit nicht. Denn der oft im Volksmund so genannte »Altersdiabetes« ist eine komplett andere Krankheit. Bei Diabetes mellitus Typ II steigt der Blutzucker auch ohne eine Therapie wie bei Typ I. Ein komplett anderes Krankheitsbild, mit anderen Ursachen und einer anderen dann notwendigen Therapie. Man könnte, um das vorherige Bild aufzugreifen, auch sagen, dass die Schlüsselproduktion etwas schleppend läuft und manche Schlüssel auch einfach nicht mehr richtig in die Schlüssellöcher passen.

Natürlich ist das eine sehr vereinfachte Darstellung beider Krankheiten. Und du bist dadurch, dass du diesen Text gelesen hast, nicht zum Experten oder zur Spezialistin geworden.

Zwei Dinge sind wichtig, wenn man darüber spricht: Niemand trägt dafür die Schuld, wenn er oder sie an Diabetes erkrankt. Beide Typen des Diabetes sind nicht heilbar. Weder mit Zimt, vielen Gebeten oder dem richtigen und positiven Mindset. Punkt.

Mein Körper erholte sich damals in den drei Wochen ein klein wenig, und ich nahm wieder zu. Alle sagten: Zum Glück!

Ich bekam in dieser Zeit auch frauliche Rundungen und so unfassbar viel Verantwortung – von jetzt auf gleich war ich groß.

Auch die Schulung im Pokerspielen war auf vielen Ebenen hilfreich, denn ich habe ab diesem Zeitpunkt mit dem großen Bluff für die Außenwelt angefangen. Um dann erst meine

Psyche und anschließend meinen Körper völlig runterzuwirtschaften. Was mit meinem Körper so blitzartig passierte, habe ich einfach schlicht nicht verarbeitet. Und streicht bitte das Wort »einfach« im vorhergehenden Satz.

Das alles hat jedenfalls nicht zu einer guten Wahrnehmung meines eigenen Körpers geführt. So folgte eine mich seitdem immer begleitende, zum Glück heute gebändigte Essstörung.

Mein Einstieg in dieses »chronical-illness-business« war kein besonders guter.

Und in der darauffolgenden Zeit als Teenager habe mich gesundheitlich in geradezu beeindruckender Weise abgewrackt. Diesen Abwrackungsprozess habe ich bis Anfang zwanzig weiter abgefeiert. Feiern ist da wirklich der passende Begriff. Hemmungslos und ohne Rücksicht auf Verluste habe ich gefeiert und so meinen Körper und das Vertrauen meiner Eltern überstrapaziert. Bis ich mich und meinen Körper einfach an die Wand gefahren habe und ins diabetische Koma fiel.

Manchmal braucht es einen Supercrash, um sich danach dann wieder ganz kleinteilig zusammenzupuzzeln. Doch auch diese wirkliche Vollkatastrophe war noch nicht der große, entscheidende Auslöser dafür, dass sich etwas in mir ändern sollte. Ich hatte schlicht immer noch nicht akzeptiert, dass ich krank bin.

Und ja, es fühlte sich verdammt noch mal wie eine Strafe an!

*

Ist Diabetes eine Strafe Gottes für mein Lesbischsein?

Meine gute Güte, was für eine Frage! Wie kommt man auf einen solchen Gedanken? Das eine ist, sich zu fragen, *warum* gerade *ich* diese Krankheit habe. Das ist doch einfach ungerecht! Das muss doch einen Grund haben. Und zum anderen gab und gibt es Menschen aus christlich-fundamentaleren Kreisen, die Homosexualität als Sünde betrachten. Und wer sündigt, der muss mit einer Strafe rechnen! Darum ist mir diese Frage tatsächlich schon mehrfach gestellt worden! Meistens habe ich mit Gegenfragen reagiert: »Gibt es eine Strafe fürs Lieben? Eine Strafe für Partnerschaft auf Augenhöhe? Eine Strafe für diesen wunderbaren Menschen an meiner Seite?«

Nein! Ein allmächtiger, liebender, gnädiger Gott kann doch das, was er mir ins Herz gepflanzt hat, am Ende nicht bestrafen! Die Liebe, dieses Gefühl, das größer ist als alles Vorstellbare, auch meine Sexualität hat er mir als Schöpfer geschenkt. Da müsste er sich am Ende doch selbst bestrafen!

In einigen Diskussionen zum Thema wurde ich, wenn ich dies geäußert hatte, anschließend gefragt, ob ich damit vielleicht sagen will, dass Gott mir zwar die Liebe, nicht aber die Diabetes-Erkrankung mit auf den Weg gegeben hat. Dass ich Gott das eine zutrauen würde, aber das andere nicht …

Doch, ich traue Gott grundsätzlich alles zu, aber ich maße mir nicht an, seine Intention zu kennen. Gottes Wege reichen über unser Denk- und Urteilsvermögen hinaus. Und Leid und Ungerechtigkeit können nicht als Reaktion Gottes auf etwas verstanden werden, das wir getan haben. Es gibt auf die Frage nach der Ursache für Leid, das uns widerfährt, keine einfachen Antworten. Die Herausforderung ist, trotzdem zu glauben.

Ich erwische mich dabei, dass ich mich zwischendurch frage, ob die Krankheit, die mich plagt, vielleicht eine Aufgabe ist, eine Art Prüfung. Eine, die in meinem Fall leider vermutlich das ganze Leben lang andauern wird. Denn wahrscheinlich gibt es keine Heilung.

In grauer Vorzeit hatte ich Tanzunterricht. Einmal sagte unsere Lehrerin, wir sollten uns vorstellen, dass es etwas an unserem Körper gibt, das wir nicht bewegen können. Wir haben angefangen zu improvisieren und getanzt – mit Armen, Beinen und Köpfen, die uns steif im Weg standen oder schlapp an unseren Körpern herunterhingen. Das war eine spannende Erfahrung, denn mit den Grenzen, die wir uns selbst gesetzt hatten, entwickelten sich ganz neue Schritte und Bewegungen. So ähnlich kann ich das auch über meinen Diabetes sagen: Ich habe ganz andere Schritte und Erfahrungen gemacht, seit ich mit der Krankheit leben muss. Das habe ich mir nicht ausgesucht. Der Diabetes geht auch nicht mehr weg, wenn ich mir sage, dass es nun genug und diese Aufgabe für mich vorbei ist. Dabei wünsche mir so oft, dass Diabetes auch nur so eine Art Tanzaufgabe ist und ich nur in die Hände klatschen muss und er verpufft. Und ich hätte auch so viel lieber eine deutlich kürzere Prüfung gehabt. Eine knackige, echt schlimme Aufgabe, bei der man aber dann auch weiß, dass sie schnell vorüber geht und die Sache erledigt ist, wenn man die Aufgabe geschafft hat. Doch Diabetes hört nicht auf, ist jeden Tag da.

Mittlerweile habe ich einige Folgeerkrankungen, die wohl auf die ersten Jahre meines Kampfes gegen Diabetes zurückzuführen sind. Vielleicht aber auch nicht. Doch die Schuldfrage stelle ich mir gar nicht. Das kann ich gar nicht. Verdammte Scheiße, ich hab das doch bis hierhin geschafft!

»Doo dien Best, Gott deit de Rest.«

Die ersten zehn Jahre nach meiner Diagnose habe ich all das, was die Krankheit auslöste, kaum bewältigt, sehr damit gehadert und sie oftmals sogar ignoriert. Heute bekomme ich jeden Tag recht gut gewuppt! Sogar die Nächte, in denen mitten in der Nacht ein Alarm losgeht, weil der Katheter der Insulinpumpe verstopft ist. Mittlerweile stehe ich dann schlaftrunken fluchend auf und wechsle das komplette Insulinpatronen-, Pumpen- und Kathetersystem, nur um eine Stunde später wieder aufstehen zu müssen und dann zwei Bananen, eine halbe Tüte Gummibärchen und eine Scheibe Salami zu essen, weil ich aus unerfindlichen Gründen in eine Unterzuckerung geschlittert bin. Und nein, die Salami hat keinerlei Auswirkung auf meinen Zucker, aber das ist mir völlig egal in so einem Moment.

Die ersten Jahre mit Diabetes habe ich nicht unbedingt gut gemeistert, aber zumindest überlebt! Mittlerweile schaffe ich es, besser auf meinen Körper zu achten und diese Notwendigkeit über meine hinterherhumpelnde Seele zu stellen.

Nochmals zurück zu den fiesen Fragen: *Warum gerade ich? Womit habe ich das verdient? Das kann doch nicht gerecht sein!* Manchmal will ich diese Fragen und meine Enttäuschung und Wut darüber, dass ich krank bin, wie schlimm und ungerecht alles ist, einfach nur in den Wind schreien.

Wie kann man angesichts all der Katastrophen, die jeden Tag weltweit passieren, überhaupt noch an einen guten Gott glauben? An dieser Frage sind Herzen und Hirne zerbrochen: *Warum lässt Gott das alles zu?*

Er sieht alles, kann alles, ist der absolute Oberboss, schließlich unser Schöpfer und Beherrscher aller Dinge. Gott könnte doch eingreifen, wenn sich Leid anbahnt. Er tut es aber oftmals nicht.

Glauben wir an Gott, kann die Frage, weshalb jemand leiden muss, an einer Krankheit stirbt, obwohl er doch so sehr gehofft hat, dass Gott einschreitet, das eigene Glaubenskonstrukt ins Wanken bringen. Denn wenn der allmächtige, gute Gott nichts gegen das Übel tut, kommen wir schnell zu der Annahme, dass er entweder nicht allmächtig oder gut ist oder dass er uns irgendwann verlassen hat, wenn er denn je existierte.

In Oldenburg hatte ich eine Nachbarin, deren Sohn mit hoher Geschwindigkeit mit seinem Motorrad in eine Kurve gefahren ist und tödlich verunglückte. Sie sagte immer wieder: »Ich glaube nicht mehr an einen Gott. Wenn es ihn gäbe, dann hätte er das doch nicht zugelassen, dass mein Sohn stirbt.« Wie gut ich es verstehen kann, wenn jemand in einer solchen Situation voller Verzweiflung einfach mit Gott Schluss macht.

Oft sprechen wir Gott seine Existenz ab, weil wir uns die Frage *Warum lässt er das zu?* nicht zufriedenstellend beantworten können. In unserer Vorstellung kann es ihn nur geben, wenn er ein »guter« ist und in unserem Sinne handelt. Lässt Gott Leid zu, dann *kann* es ihn nicht geben.

Der Killersatz eines aus dem Ruder gelaufenen Seelsorgegesprächs lautet: »Gott gibt jedem nur so viel, wie er auch tragen kann.« Das klingt gut. Stimmt aber nur bedingt. Was habe ich mich schon an diesem Satz abgearbeitet. Und ich werde jedes Mal wütend, wenn ich ihn erneut höre oder lese. Ganz ehrlich, da werde ich von Gott wohl echt krass überschätzt! Manchmal ist es einfach zu viel Leid, all das, was ich sehe und höre. Und auch die ganzen Einschränkungen, die meine Krankheit mit sich bringt, die Probleme mit den Augen, die Behandlungen, die Schmerzen. Es ist kaum zu ertragen. Und die Last, die mir aufgebürdet wird, ist zu groß. Obwohl … ich bin ja noch da, ich bin nicht komplett zerbrochen. Und ich habe zum Glück Menschen an meiner Seite, die mir helfen, indem sie mich auf vielfältige Weise unterstützen.

Warum lässt Gott all das zu? Ja, das ist eine unlösbare Frage, in der ich mich manchmal ausweglos verirre. Doch ich weiß auch: Ein Labyrinth hat mindestens einen Ausgang. Diesen gilt es zu finden. Auch wenn der einzige Ausgang am Ende die Tür vom Eingang ist.

Kennt ihr bei IKEA die Pfeile auf dem Boden, die einem den Weg weisen, damit man auch wirklich durch die komplette Ausstellung läuft, an allen Möbeln vorbei, dem Geschirr, den Vorhängen, Bilderrahmen, Lampen, Kerzen, Servietten, Billy-Regalen und Bambus in kleinen Pötten? Ich habe vor einiger Zeit irgendwann bei einem langen IKEA-Besuch überfordert und vor Erschöpfung weinend in einem in der Ausstellung eingerichteten Wohnzimmer auf einem Sofa gesessen, bis mich ein Freund anrief. Er hörte sich mein emotionales Chaos an und sagte dann: »Sofort raus da! Einfach den Pfeilen in entgegengesetzter Richtung folgen und zurück zum Eingang. Alles auf Anfang. Alles hat seine Zeit. Heute ist kein Tag für IKEA.«

Im Leben gibt es keine Pfeile auf dem Boden, denen wir einfach folgen können. Doch der Wunsch ist da, einfach mal gesagt zu bekommen, wo man hinlaufen soll. Wir warten auf jemanden mit einem blauen »Hej« auf dem gelben Poloshirt, der uns an die Hand nimmt und sagt: »Ich plane jetzt mit dir die nächsten Schritte zur perfekten PAX-Schrankkombination. Niemand muss hier alleine durch!« Am Ende bekommt man noch einen mit Röstzwiebeln, Gewürzgurken und Remouladensoße völlig überladenen Hotdog als Belohnung. Perfekt – doch nur eine Sehnsucht. Das Leben und die Frage nach der Rechtfertigung Gottes sind eben kein schwedisches Möbelparadies.

Wenn ich Menschen über den »lieben Gott« sprechen höre, dann sage ich oft: »Ich weiß gar nicht so genau, ob es ein lieber Gott ist. Doch an einen gerechten Gott will ich auf jeden Fall glauben.«

Ohne unseren Glauben an Gott hätten wir die ganze Problematik nicht. Auch die Frage, warum er das alles zulässt, könnten wir gar nicht stellen. Fragen wir ständig, warum Gott dieses und jenes zulässt, dann schummeln wir uns auch ein Stück weit aus der Verantwortung für die Lösung der Probleme, das Unrecht, das wir verhindern könnten. Wichtig: Ich schreibe hier nicht von Dingen, die wir als Menschen gar nicht beeinflussen können.

Gäbe es für uns keinen Gott, dann müssten wir uns viel öfter fragen: Warum lassen *wir selbst* eigentlich so viel Unrecht und Übel zu? Es gäbe ohne Gott niemanden, den wir nach dem Warum fragen könnten oder dem wir die Schuld für Krankheiten, Katastrophen und Kriege geben könnten. Sämtliche Verantwortung läge bei uns.

Und was wäre überhaupt, wenn Gott sich bei allem einmischt? Dann nähme er uns den freien Willen, den er uns doch bewusst geschenkt hat. Und ich glaube, da hat keiner Bock drauf.

Manche denken vielleicht: Wenn wir an einen Gott glauben, dann können wir die Verantwortung nach da oben abgeben. Weit gefehlt. Wir sind schließlich seine ausgestreckte Hand auf dieser Welt. Gott braucht uns.

Gott scheint einen Plan zu haben, das traue ich ihm zu! Auch wenn ich den Plan oftmals nicht einmal im Ansatz verstehe.

Allein weil ich hinter all dem Leid nicht bloß Sinnlosigkeit finden möchte. Doch wenn ich diesen Plan nicht kenne und ihn dadurch auch gar nicht erst verstehen kann … Doch wie großartig ist es, Neugier und gleichzeitige Hoffnung auf das zu haben, was wir nicht steuern können: das Leben und alles, was danach vielleicht sein wird.

Ich mag mir die Welt kaum vorstellen, mit jeder Menge Menschen, die alle dann die Wahrheit mit Löffeln gefressen haben. Und alle wissen ganz genau, wie es läuft und was als Nächstes kommt. Das ist, wie die letzte Seite im Buch zu lesen, weil man es nicht abwarten kann, wie die Geschichte ausgeht. Das Ende des neuen Bestsellers verraten zu bekommen oder versehentlich mitzuhören, wer Gossip Girl ist, wo doch gerade das Ungesagte spannend ist. Es macht nur halb so viel Freude.

Und gleichzeitig glaube ich: Gott ist da. Trotz allem. In all dem Leid. Auch ohne Feuerwerk, große Wunder, überdimensionale Pflaster, himmlische Feuerlöscher und das unentwegte Eingreifen in schlimme Situationen, die wir Menschen allerorts verursachen. Natürlich gebe ich zu, dass ich mir zwischendurch mal einen brennenden Busch als Zeichen am Wegesrand oder eine kleine Spontanheilung nach einem kleinen Stoßgebet wünsche.

Meinen Zweifel, mein Schwanken schiebe ich schnell zur Seite. Denn ich habe Angst davor, nicht mehr zu glauben. Angst vor der erwähnten Sinnlosigkeit und Schiss vor dem Verlust von Halt. Und ja, manchmal sind die *Warum*-Fragen lauter in mir als die Antworten. Ich sehne mich nach einer eindeutig ausgestreckten Hand, die ich ergreifen kann, wenn es mir nicht gut geht und ich Unterstützung brauche.

Ist Gott der Krankenpfleger, der sich neben mich setzt und meine Hand nimmt, während ich auf meine Testergebnisse warte? Ist es der Telefonanruf von Mama, die fragt, wann ich wieder nach Hause komme?

Die heißeste Außenwelle

Mary, Tina und Annie – wir waren die heißeste Außenwelle Arizonas, die lauteste »Liza« des Nordens und die Rostocker Kapitänstochter: Sweet Sugar Swing. Zuckerwatte für Augen und Ohren. Sozusagen die »Golden Girls«, nur ohne Sophia, wie Modern Talking, nur mit Nora. Die Heilige Dreifaltigkeit der amerikanischen Swingmusik, mit Cadillac, Nylons und Petticoats. Kitschig vom Tellerrock bis in die Haarschleifen, zogen wir über zehn Jahre als Band über die Bühnen der Republik.

Im Frühjahr 2021 waren Tina und ich zum Bandmeeting bei Mary zu Hause. Es war laut, albern und einfach nur schön. Wir haben uns nach unseren Liebsten erkundigt, gejuchzt und geheult, endlich wieder Pläne geschmiedet, Sekt mit Erdbeeren getrunken. Auf das Leben!

Ich habe ein Bild von unseren drei Gläsern gemacht und bei Instagram gepostet.

Der nächste Post auf unserem Account verkündet mit großer Trauer, dass eine von uns nicht mehr da ist. Mary ist eine Woche nach unserem Treffen abends ins Bett gegangen und am nächsten Morgen nicht mehr aufgewacht. Einfach so.

Bis heute suchen wir nach Antworten auf diese Plötzlichkeit, die wir schlicht nicht begreifen. Tina und ich wurden so richtig aus der Bahn geworfen. Und die damals noch hochpandemische Zeit erforderte zu allem Übel auch noch Abstand. Unserer war besonders groß, ich lebte in Berlin, Tina in Oldenburg.

Mary war nicht der erste Mensch von dem ich Abschied nehmen musste. Vorher dachte ich, dass ich so eine Art Trauer- und Beerdigungsprofi sei. Dass ich weiß, was in solchen Momenten zu tun ist. Sogar was meine Lieblingsschriftart bei Traueranzeigen ist! Doch als Mary gestorben ist, da wusste ich auf einmal gar nichts mehr.

»Sweet Sugar Swing« wurde aus den beruflichen Kalendern gelöscht. All die Proben, das Bandjubiläum im Sommer, die geplante Weihnachtstour. Aber das Besondere an »Sweet Sugar Swing« blieb. Wir waren ganz bestimmt nicht die beste Damen-Swingkapelle, die jemals über den Äther geschickt wurde und auf Bühnen getanzt hat. Aber wir hatten eine unfassbare Freude an dem, was wir taten. Wir fanden uns selbst urkomisch. Und ich kann mich an sehr viele Situationen erinnern, in denen wir mitten in der Show kaum weitersingen konnten, weil wir so lachen mussten. Über uns!

Wir waren nicht irgendein Ensemble, das zusammengefunden hat, um mit Musik Geld zu verdienen. Es war viel mehr. Weihnachten haben wir miteinander gefeiert, Scheidungen durchlitten, Todesfälle betrauert und uns die Haare im Nacken zusammengehalten. Wir waren Freundinnen! Und das kann uns auch der Tod nicht nehmen. Am Anfang hatte Tina Angst, dass wir beide uns vielleicht nach dem Tod von Mary voneinander entfernen könnten, allein, weil wir weit entfernt leben und uns nun auch beruflich nicht mehr regelmäßig sehen.

Freundschaft ist genauso wie jede romantische Beziehung auch Arbeit. Man muss schon ein bisschen was tun dafür, dass man sich nahe bleibt und weiß, was den anderen gerade bewegt. Ein Sekt- oder Kaffeeklatsch zweimal im Jahr reicht dafür nicht aus. Um es mit Marys Worten zu sagen: »You need to work this out, girls.«

»And we are working on it« – versprochen!

Meine größte Herausforderung war, dass ich auch Monate danach immer nur im Kreis gedacht habe, um meine eigene Sterblich- und Vergänglichkeit zu verarbeiten. Ich fühlte, dass Marys Tod mir noch einmal ganz klar vor Augen geführt hat, dass meine Todesangst nichts ist, was wahllos und irrational auf mich einprasselt. Es ist die konkrete Angst, dass das wirklich passieren kann: sich ins Bett zu legen und am nächsten Tag nicht mehr da zu sein.

Mein langjähriger Verbündeter und Pianist Matthias Monka sagte in dieser Zeit bei einem Konzert zwischen dem Soundcheck und einem zweiten Jever, eigentlich ganz beiläufig und ohne Schwere, dafür aber mit Gewicht zu mir und den anwesenden Jungs: »Wir sind alle gleich weit weg vom Tod.«

Gleich fern, gleich nah.

Ehrfürchtig haben wir vor seiner Weisheit mit den Händen auf den Tisch der Bierzeltgarnitur gehauen, unkontrollierte Laute der Anerkennung von uns gegeben, gefolgt von brüderlichem Schulterklopfen. Dann haben wir unsere Arme nach vorne gestreckt und uns mit Bierflaschen zugeprostet: »Auf das Leben!«

*

Mary war umtriebig. Wenn wir aus ihrem Mund den Satz hörten, »I was thinking …«, dann wussten wir: »Oje, das zieht wieder einen Rattenschwanz an Arbeit hinter sich her. Sie hat einen Plan, und wir sind ein Teil davon.«

Mary war immer voller Ideen. Und wir waren froh über jede Idee, die sie nicht hatte. Als Opernsängerin war sie nach Deutschland gekommen und irgendwann am Oldenburgischen Staatstheater gelandet. Nach einem festen Engagement am Staatstheater hatte sie sich die Vermittlung von amerikanischer Entertainmentkultur zur Aufgabe gemacht. Mary war sehr emotional, manchmal auch schwermütig. Bei Danksagungen der von ihr organisierten Benefizkonzerte hat sie geweint.

Aber sie war auch stark. Ich weiß genau: Hätte Mary die Chance gehabt, um ihr Leben zu kämpfen, dann hätte sie es getan. Es ist jedoch einfach passiert.

Ein Freund hat mir nach Marys Tod eine Karte geschickt, auf der stand:

»Falls ihr mich sucht, ich glaub, ich bin zu weit gegangen.«

Das passte zu ihr. Sie war oft staunend in der Welt unterwegs, ist manchmal an Dingen vorbeigelaufen oder über das Ziel hinausgeschossen, sodass man sie einfangen musste. So war sie.

Ich hoffe, dass sie die komplette Nachwelt im Himmel gerade mit Petticoats einkleidet und alles, an dem sie vorbeistöckelt, mit Zuckerguss übergießt.

Es gibt so unfassbar tolle Wege, einen Menschen und sein Leben zu feiern. Ich habe schon wirklich viele wunderschöne Beerdigungen erlebt, bei denen ich mitorganisiert, gesungen und geweint habe. Aber das, was Mary uns mit ihrer Familientradition geschenkt hat, ist eine »Celebration of Life«.

Als ich mit ihrer Schwester in den USA telefonierte und ihr sagte, dass Tina und ich alles tun wollen, damit der Abschied ganz in Marys Sinne verläuft, erzählte sie davon, dass sie in ihrer Familie ein paar Monate nach der Beerdigung eine Lebensfeier zelebrieren. Das haben wir dann genauso gemacht. Und es tat uns so gut!

Bedingt durch die Pandemiemaßnahmen durften leider nur zehn Menschen, die hierzulande für Mary eine Art Familie waren, zur Beerdigung kommen. Mary war kein religiöser, spiritueller Mensch, deshalb gab es keine kirchliche Bestattung. Eine Trauerrednerin sprach, und die Zeremonie wurde dadurch gestört, dass der Gettoblaster des Bestatters nicht richtig funktionierte. Dreimal hörte er mitten im Lied auf zu spielen, dann wurde das Gerät vom Bestatter mit Schweißperlen auf dem Gesicht mehrfach gedreht, geschüttelt und verwünscht. Der Tag endete damit, dass wir uns abends zu viert mit Videos und Bildern der letzten Jahre in Tinas Wohnung setzten und unsere Tränen mit jeder Menge Rotkäppchensekt und schlimmstem Galgenhumor versenkten.

Ein paar Monate später, als die Coronainzidenz im Sommer niedrig genug war, fand die »Celebration of Life« statt – eine Lebensfeier für Mary.

Es gab Pinnwände, auf die alle ihre mitgebrachten Fotos pinnen konnten, ein Mikrofon, das man sich nehmen konnte, um eine Erinnerung zu teilen, und drum herum all unsere Bühnenbilder. So standen wir zwischen den Kulissen von »American Diner« und »Weihnachtskaminfeuer«, aßen Fingerfood und tranken Sekt mit Erdbeeren. Viele Menschen sangen ergreifende Lieder, die sie mit Mary verbanden. Andere auch urkomische Lieder. Es wurde viel gelacht. Tina und ich haben zusammen ein *Que sera* mehr geheult als gesungen, dabei tanzten ein paar Menschen Walzer. Oh, das hätte Mary gefallen! Dann sind wir mit der ganzen Partygemeinde zum Friedhof gelaufen, wo Tina und ich noch eine Trauerrede gehalten haben. Es wurden Ballons an Marys Grabstein gebunden und dazu gesungen. Die Kinder haben rings ums Grab gespielt und Fragen gestellt. Und die Großen haben versucht, den kleinen Menschen zu erklären, was hier gerade passiert. Mein Herz war voll.

Am Ende des Tages konnte ich nicht mehr. Die Unterzuckerung war wie von einem anderen Stern, und ich bin am Tisch im Restaurant eingeschlafen. Nichts ging mehr.

Es gibt beim Trauern kein Richtig oder Falsch. Alles darf nebeneinander Platz haben. Manchmal brauchen wir Ruhe und Gebet, doch dank Mary weiß ich jetzt, dass bei anderen Gelegenheiten auch Sekt mit Erdbeeren, Luftschlangen und Walzer sein müssen, um sich gebührend zu verabschieden.

Wir sollten viel früher damit anfangen, das Leben eines Menschen zu feiern. Uns über alle Maßen freuen, dass er da ist. Und das nicht nur an (runden) Geburtstagen. Es braucht auch nicht unbedingt immer Sekt und Erdbeeren – manchmal reicht vielleicht auch nur eine einzelne Erdbeere. Auf das Leben! Wenn wir auf dem Friedhof am Grab stehen, können wir uns dankbar erinnern und gleichzeitig das Leben feiern! Im Bestfall haben wir das jedoch schon vorher getan.

Ich hasse jetzt schon den Gedanken, dass ich meine eigene Beerdigung nicht mehr selbst unter Kontrolle habe, weil ich nicht mehr lebend dabei bin. Deswegen habe ich jetzt hier für dich noch ein paar Wünsche für den Fall der Fälle:

1. Tu das, was dir guttut. Aber heule anständig.
2. Ich will eine dramatische Trauerrede von einem mir nahestehenden Menschen, der sehr ergriffen ist, aber nicht heult.
3. Party finde ich gut. Kleiner Tipp aus eigener Erfahrung für meine Hinterbliebenen und Lebensparty-Veranstaltenden: Es lohnt, diese Feier mit einem kleinen zeitlichen Abstand zu veranstalten, damit der »bürokratische Bumms« bereits vorher einigermaßen geregelt ist. Flying Buffet ist immer der Hit, getrennte Summen für Licht und Ton sind zwin-

gend notwendig. Arbeitet im Vorfeld mit Anmeldungen, dann sind Essen, Getränke, Stühle und Erwartungshaltung besser zu koordinieren.

4. Ich möchte nicht, dass meine Familie denkt, sie müsste Musik machen. Ja, auch du, Papa.
5. Nein, auch kein Dudelsack, Papa.
6. Meine digitale Nachlassverwalterin ist meine Cousine Insina. Ihr traue ich zu, meine Social-Media-Reichweite nach meinem Ableben jederzeit für einen anderen, höheren, hehren Menschenrechtszweck zu nutzen.
7. Ihr dürft das ganze Netz mit Fotos überschwemmen, auf denen ich mich selbst nicht schön finde.
8. Wartet bitte ab, bis die Menschen, die mir am nächsten stehen, mein Dahinscheiden öffentlich machen, und greift dem nicht vor. Es ist einfach richtig unschön, wenn die wichtigsten Menschen noch nicht informiert worden sind und sie es auf diese pietätlose Weise erfahren müssen.
9. Tina, die mich definitiv überleben wird – sie macht Sport –, bitte ich, eine Sammlung der unpassendsten Beileidsbekundungen im Netz anzufertigen. Ich weiß, dass du an so etwas einfach Freude hast.
10. Guckt nach drei Tagen bitte mal nach mir.
11. Ich habe euch alle immer geliebt.
12. Ja, auch dich.

Konfetti

Kannst du das hören, wie die Wunder dich beschreiben?
Niemand hat so laut gelacht,
niemand wird je lauter schweigen
Deine Stille füllt den Raum,
doch dein Platz bleibt immer frei

Kannst du das sehen, wie wir uns vor dir verneigen?
Die Bäume streuen Konfetti und klatschen mit den Zweigen
Du musstest früher gehen, aber was berührt, das bleibt

(Enno Bunger, aus dem Album »Was berührt, das bleibt«[6])

Sein Herz an etwas hängen

Beim Fahrtenschwimmer-Abzeichen mussten die anderen Kinder meiner Klasse geschlagene zehn Minuten warten, bis ich endlich den Sprung vom Dreimeterbrett gewagt habe. Ich bin ein Schisshase, en echten Bangbüx. Vor tiefem Wasser habe ich Angst, vor Möwen, dass es irgendwann mal zu einer Knoblauchknappheit kommen könnte, der AfD und auch vor einer gleichgültigen Mehrheit.

Eigentlich erwarten Menschen von mir, dass ich mutig bin. Denn in meiner Biografie steht irgendwo zwischen Plattdeutsch und Literaturpreisträgerin noch das Wort Menschenrechtsaktivistin. Das schürt Erwartungen. Nach dem Motto: »Oh, Annie ist da! Mal schauen, wo es heute ungemütlich wird!« Dabei will ich gar keine Querulantin sein oder irgendwo die gute Stimmung versauen, ich möchte ausschließlich im besten Bils'schen Sinne meinen »Punkt!« machen. Und zwar hinter den Menschenrechten. Hinter das Erreichte geh ich nicht mehr zurück. Und deswegen bin ich manchmal lauter als die anderen und sage Dinge, die viele schon vorher bereut hätten. Jetzt muss ich das noch mit dem Bils'schen Sinne und dem »Punkt!« erklären: Sandra Bils, Pastorin, Ostfriesin, Freundin, Mentorin und Vorbild, sagte in ihrer eindrücklichen Predigt beim Abschlussgottesdienst des Evangelischen Kirchentages in Dortmund 2019 den Satz: »Man lässt keine Menschen ertrinken. Punkt.« Dieser Satz hat für viel Wind gesorgt, Wellen geschlagen und dann Großes entstehen lassen.

Schon oft war ich richtig mutig, mit sechzehn Jahren bin ich für ein Jahr nach Amerika gegangen. Ohne meine Familie, in ein fremdes Land, ohne Netz und doppelten Boden. Meine Oma hat einmal in der Woche angerufen, es war ein R-Gespräch. Liebe Gen Z, googelt gerne, was das ist.

In meinem Leben habe ich schon vor so mancher Tür gestanden, hinter der viele wichtige Menschen warteten, und musste dreimal durchatmen, bevor ich hindurchgegangen bin. Anders, als du es vielleicht von mir erwartest, habe ich ein Problem damit, wenn sich alle Blicke auf mich richten, sobald eine Tür aufgeht. Auf der Bühne ist es anders. Ich stehe hinter dem Vorhang, freue mich, wenn es heißt, »Spotlight on« und die Kapelle zu spielen beginnt. Da bin ich wie ein Zirkuspony, galoppiere selbstbewusst auf die Bühne, selbst wenn Tausende von Menschen im Publikum sitzen. Aber eine Restaurant-, Wartezimmer- oder Seminarraumtür fühlt sich für mich manchmal so an, als wäre ich Superwoman und stünde vor einer Tür aus Kryptonit. Es braucht oft viele Minuten, um mich dieser Herausforderung und der Situation zu stellen.

An manchen Tagen wage ich mich mit einen Äußerungen weit vor. Es sieht dann von außen betrachtet vermutlich nach großem Mut aus, weil andere sich das, was ich mache oder sage, vielleicht nicht getraut hätten. Aber es ist kein Mut, denn es fehlt mir in diesen Momenten die Angst. Und wir wissen ja, dass Mut sich darüber definiert, dass es eine Angst zu überwinden gilt. In solchen Momenten bin ich, und das bleibt jetzt bitte unter uns, denn ich habe einen Ruf zu verlieren, einfach nur leichtsinnig, größenwahnsinnig und extrem risikofreudig. Und vielleicht will ich mir in so mancher Situation auch nur selbst etwas beweisen.

Wut ist übrigens auch ein ausgesprochen effektiver Motor, um aus der ängstlichen Schockstarre oder der Bequemlichkeit auszubrechen. Wut macht uns handlungsfähig, holt uns aus unserer vermeintlichen Ohnmacht heraus. Wut kann ganz schön gesund sein. Denn sie löst einen Aufbruch – oder einen Ausbruch – aus. Wut kann der Anfang eines Mutausbruchs sein.

Aber ganz ehrlich, wie lächerlich erscheint mir manchmal mein eigener kleiner Mutausbruch, wenn ich sehe, was sich andere trauen.

Mutig ist die iranische Nationalelf, die ihre Nationalhymne aus Protest nicht singt, obwohl sie weiß, was ihre Liebsten zu Hause deshalb erwarten wird – und auch sie selbst, wenn sie wieder in ihr Land zurückkehren. Mutig ist es, immer wieder mit der *SeaEye* aufs Meer hinauszufahren, um Menschen zu retten. Und Angst haben zu müssen, wieder leblose Körper, ertrunkene Menschen zu bergen. Mutig ist es auch, bei einem netten Abend mit alten Freund*innen zu sagen: »Ich möchte nicht, dass du an meinem Tisch das N-Wort sagst, und ich erkläre dir jetzt auch, warum.« Oder mit einer Regenbogenfahne für Menschenrechte in Uganda zu demonstrieren, obwohl bei »schwerer Homosexualität« Haft oder sogar die Todesstrafe droht. Das ist großer Mut!

Wir leben in einer Zeit, in der wir es uns nicht erlauben können, nicht explizit zu sagen, was notwendig ist. Position zu beziehen. Für die eigene Überzeugung und vor allem auch für andere Menschen einzutreten. Zu sagen, wo wir in all den Irrungen und Wirrungen dieser Welt stehen. Ich stehe nicht auf der Seite der Menschen, die keinen anderen Ausweg sehen, als aus Protest die AfD zu wählen. Denn Hass ist keine Meinung. Ich stehe nicht auf der Seite derer, die lieber warten, bis Fluchtursachen beseitigt sind, und in der Zwischenzeit die Menschen im Mittelmeer ersaufen lassen. »Man lässt keine Menschen ertrinken. Punkt!«

Wenn ich auf meinem Laptop die Seligpreisungen in der Bergpredigt lese, die Worte, die Jesus damals zu den Menschen gesagt hat, um zu beschreiben, was notwendig ist, um ein gutes Leben zu führen, eines, das von Respekt und Miteinander geprägt ist, möchte ich manchmal so gerne »Steuerung + Alt + F« drücken, das Wort »Selig« eingeben und dann: »Ersetzen durch … Mutig«.

Mutig sind die Sanftmütigen, mutig sind die, die da hungert und dürstet nach Gerechtigkeit, mutig sind die Barmherzigen, mutig sind die, die reinen Herzens sind. Mutig sind die, die Frieden stiften, denn sie werden Gott schauen.

Der Weg zur »Seligkeit« geht für mich nur über das Wissen darum, dass ich all das nur sein kann, wenn ich meine Angst überwinde und Haltung zeige.

Sein Herz an etwas zu hängen erfordert Mut. Denn dann haben wir auch etwas zu verlieren. Wir fürchten Liebesentzug, mangelnde Wertschätzung. Infragestellung unseres Menschseins und unseres Christ*inseins.

Mutig ist, wer vertraut. Ich vertraue auf Gott, der an vielen Wegkreuzungen des Lebens mein Kompass ist. Auf das Gewissen, das er als stärkste Verbindung, die ich zu Gott fühle, in mich hineingepflanzt hat. Daraus schöpfe ich auch meinen Mut und meine Zuversicht. Ebenso wie ich aus guten, vergangenen Tagen schöpfe, von einem wolkenlosen, blauen Himmel, den ich schon einmal gesehen habe, und weil Oma gesagt hat: »Alles wird gut.«

»Wäre, Wäre, Fahrradkette«, hat einst der deutsche Philosoph Lothar Matthäus gesagt. Ja, eigentlich heißt es »Hätte, Hätte, Fahrradkette«. Man muss ihm zugutehalten, dass er schon richtig viel von diesem Satz verstanden hat, der Lothar, aber auch eben nicht so ganz. Worauf will ich hinaus?

Ich denke auch an meine Tante, die als meine Patin richtungsweisend in meine religiöse Erziehung involviert war. Eine Frau, die mich mit ihrer Sicht auf die Welt beeindruckt und beeinflusst hat. Wenn man sie fragt, wen sie in ihrem Leben gern mal kennengelernt hätte, würde sie antworten: »Den Erfinder der Abreißsystems von Frischhaltefolie und Martin Luther.« Denn mit beiden hätte sie noch ein Wörtchen zu reden.

Beide, so unterschiedlich sie auf den ersten Blick erscheinen mögen, haben tatsächlich etwas gemeinsam. Den Erfinder dieses Abreißsystems würde meine Tante fragen, wie man so etwas so dürftig funktionierendes erfinden kann. Erst muss ich eine Pappverpackung öffnen, dann finde ich den Anfang der Folie nicht. Um die Folie abzurollen, muss man knibbeln, ziehen und zerren. Anschließend die Rolle in der Pappverpackung zusammendrücken und den Versuch starten, die Folie über die Zacken am Rand des Kartons abzureißen. Das funktioniert nie richtig gut, weil die Folie aneinanderpappt, schnell an der falschen Stelle einreißt, das Ganze am Ende schief wird, ich doch wieder stückeln muss … Herrschaftszeiten, was für ein Mist, dabei fliegen wir zum Mond!! Und da gibt noch mehr, die sich bei dem Erfinder dieses »Haushaltshelfers« einreihen können. Wer hatte beispielsweise die Idee, die Naht bei Socken nach innen zu legen, sodass du Druckstellen bekommst? Gut gemeint, aber nicht gut geworden … Was hat das nun mit Martin Luther zu tun? Alle Genannten, auch er, wussten schon so viel, aber eben nicht alles. Martin Luther hinterließ ein großes, vertracktes Erbe: Er kämpfte für wichtige Reformen innerhalb der Kirche – und wurde dafür verfolgt. Er übersetzte die Bibel ins Deutsche, machte sie so verständlich für das Volk und prägte damit unsere heutige hochdeutsche Sprache. Er schwächte die Autorität von Kirche, indem er die Bibel für alle Menschen, die lesen konnten, zugänglich machte (vorher konnten nur die besonders Gebildeten etwas mit der lateinischen Sprache der Bibel anfangen), und schuf damit das Fundament der protestantischen Bewegung. Martin Luther schrieb wichtige Protest- und Lobpreislieder. Aber durch seine Thesen und den Prozess, den er in Gang setzte, spaltete sich die Kirche, es wurden zahlreiche Kriege ausgelöst und unzählige Menschen getötet.

Es wird diskutiert, ob Martin Luther nun Antisemit oder »nur« Judenhasser war. Am Ende kommt es doch aufs Gleiche raus! Und ich glaube, dass es sinnvoll wäre, viel deutlicher Ross und Reiter oder besser Schiff und Kapitän zu nennen und uns als Christ*innen an dieser Stelle deutlich zu distanzieren. Wenn es nach mir ginge, sollte sich die evangelisch-lutherische Kirche deswegen umbenennen und den Namen Luthers streichen. Wir dürfen unsere Kirche nicht länger nach einem Judenhasser benennen! Das schreibe ich als Mitglied dieser Gemeinschaft.

Ich höre schön den Aufschrei bei Amts- und Würdenträgern: Das geht doch nicht! Da frage ich: Warum eigentlich nicht? Wie viele Straßen und Plätze, Bildungseinrichtungen und Initiativen in Deutschland, die Namensgeber hatten, die einst mit Rechten gemeinsame Sache machten, wurden schon umbenannt? Und eines muss doch klar sein: Wir distanzieren uns von rechtem Gedankengut und Judenhass.

All die Poesie in der Sprache Martin Luthers, dass er vielen mit seiner Bibelübersetzung das Wort Gottes verständlich machte, der Anstoß zur Befreiung von aufgezwungener Religion und die Entmachtung von Kirche, das kann ich feiern. Er hat so viel gesagt und geschrieben, was wirklich neu, besonders und so beeindruckend war, dass wir entgegen seiner ursprünglichen Intention, die bestehende, katholische Kirche zu reformieren, nun unter anderem eine evangelisch-lutherische Kirche haben. Luther hat gesagt, man solle Synagogen sowie jüdische Häuser und Schulen *»mit Feuer anstecken und was nicht verbrennen will, mit Erden beschütten, dass kein Mensch, kein Stein oder Schlacke davon sehe ewiglich«*.

»Martin Luther war ein Kind seiner Zeit!« – ich kann es nicht mehr hören. Ja sicherlich, Judenhass war damals auf der einen Seite opportun, doch gab es eben auf der anderen Seite auch Christ*innen, die positive Verbindungen zu jüdischen Gemeinden aufgebaut haben und Luthers extreme Ansichten nicht vertreten haben. Seine hasserfüllten Aussagen zum Judentum durch den Zeitgeist zu rechtfertigen, ist nicht angesagt. Und wir dürfen derartige Äußerungen heutzutage nicht einfach unter den Teppich kehren, weil sie unangenehm zwischen all dem wirken, was wir von Martin Luther lieb gewonnen haben. Luther hat maßgeblich auf die Beziehung zwischen Juden*Jüdinnen und Christ*innen Einfluss gehabt – und zwar keinen guten – und so ein Fundament geschaffen, auf das sich später auch die Nationalsozialisten berufen haben. Ebenso wie meine Patentante würde ich Martin Luther, wenn es so etwas wie Zeitreisen gäbe und ich ihn einmal treffen könnte, fragen: Warum? Wie kannst du so voller Liebe schreiben und gleichzeitig derart hassen? Ich würde ihm sagen, dass seine judenfeindlichen Äußerungen ein Verbrechen gegen alle Regeln der Menschlichkeit und des christlichen Glaubens sind.

Der Antisemitismus hat seit dem 8. Mai 1945 nicht geschlafen. Im Jahr 2022 gab es insgesamt 2480 antisemitische Vorfälle in

Deutschland, die gemeldet und erfasst wurden – in 2023 hat die Zahl der Vorfälle hierzulande und vielerorts auf der Welt nochmals zugenommen, insbesondere nach dem 7. Oktober, an dem die terroristische Hamas die Zivilbevölkerung in Israel angegriffen und so viele jüdische Menschen in mehreren Massakern ermordet hat. Es war der größte Pogrom seit der Shoah. Das Gedankengut, das höchstens im Halbschlaf war, weil Menschen dachten, dass sie es zwar denken, aber besser nicht laut sagen dürfen, erwacht und erblüht gerade doller als jeder Blumenkorso beim Wiesmoorer Blütenfest.

Juden*Jüdinnen erleben gerade die schwerste Traumatisierung seit dem Dritten Reich. Ich spreche von unseren jüdischen Geschwistern, die *jetzt* in Gefahr sind.

Und während manche schon lange ihre gepackten Koffer für den Fall der Fälle auf dem Dachboden stehen haben, wissen viele gerade nicht mehr, wohin sie denn dann damit überhaupt fliehen sollten. »*Wo sind wir denn überhaupt noch sicher?*«

Antisemitismus weht scharf von rechts, von links und vor allen Dingen aus der politisch doch eigentlich so verdrossenen Mitte: Das Shoah-Denkmal in Berlin muss geschützt werden, Synagogen müssen wegen »einer akuten Bedrohungslage« geschlossen werden.

Aber meine Zuversicht, dass Menschen es irgendwann schaffen können, in Frieden miteinander zu leben, die will ich nicht aufgeben. Naiv? Vielleicht. Utopisch? Sicherlich. Eine Utopie, für die es Mut braucht.

Christ*innen können doch eigentlich nicht anders, als angesichts dieser Entwicklungen aufzustehen und ihre Stimme zu erheben – möchte man meinen. Denn das, was unseren Glauben ausmacht, auch die Bergpredigt Jesu, fordert uns schließlich dazu auf, uns einzumischen, wenn wir Ungerechtigkeit sehen, wenn Menschen verfolgt werden. Doch wo ist der Aufschrei? Wo ist das große Zeichen, wo ist das »Wir lassen euch nicht im Stich!«?

Sogar als Frau erhebe ich meine Stimme.

Noch mal Martin Luther – unglaublich, aber wahr: Er hat auch gesagt: *»Eine Frau hat häuslich zu sein, das zeigt ihre Beschaffenheit an; Frauen haben nämlich einen breiten Podex und weite Hüften, daß sie sollen stille sitzen.«*

Das kommt überhaupt nicht infrage! Ich bin Annie. Eine Frau, die laut mitmischt, weil Gott mich nicht zu einem Menschen gemacht hat, der die Hände in den Schoß legt. Solange ich auf dieser Welt bin, haben mein Glaube und meine Hoffnung auf die Erfüllung dieser Friedensutopie hier eine Stimme. Ich glaube: Kirche darf und soll sich einmischen, Schiffe aufs Mittelmeer schicken und mit Regenbogenfahnen beim Christopher Street Day mitlaufen. Alles auf der Grundlage dessen, was Gott und den Glauben an ihn ausmacht: LIEBE.

Immer wieder den Mut zu finden, für die Liebe einzutreten, das macht den Unterschied. Reformation bedeutet Umbruch. Und ich wünsche mir einen stetigen Umbruch, eine neue Reformation, die auch die schrägen Gedanken von Martin Luther im Blick hat und sich deshalb distanziert. Die Grundlage unseres Glaubens ist LIEBE. Von Hass und Ausgrenzung müssen wir uns als Christ*innen deutlich distanzieren! Bei allen Umbrüchen bleibt eines für immer gültig: Gott hat uns lieb. Bedingungslos. Das ist die Voraussetzung dafür, auch unsere Nächsten zu lieben. Unsere Nächsten, das sind übrigens alle. Gottes Herz hängt an uns. Liebe ist der Plan, der Weg, das Ziel.

Die Diskussionen, die zum Thema »Gendern« oder »Diskriminierung« geführt werden, sind zum Teil heftig. Immer wieder hört man Sätze wie: »Man darf ja gar nichts mehr sagen!« oder »Irgendwo ist es auch mal gut, die schießen mit ihren Forderungen übers Ziel hinaus.« Oder: »Warum überall in den Texten diese Sternchen? Ich habe doch noch in der Schule vernünftige Grammatik gelernt, dass Schwulsein eine Sünde ist und Mädchen kein Mathe können, irgendwo ist auch mal gut.«

Für alle, die sich ihrer Freiheit beraubt fühlen, möchte ich festhalten, dass es neben der eigenen Freiheit auch immer um die unseres Gegenübers gehen muss. Die Ausgrenzung hat über Jahrzehnte und Jahrhunderte Triumphe gefeiert. Jetzt ist es wirklich an der Zeit, sich von manchem zu verabschieden – um der Menschen willen, die unter der Diskriminierung und dem Kleinhalten lange genug gelitten haben.

Ich möchte niemandem etwas Liebgewonnenes wegnehmen. Im Gegenteil: Ich möchte vielen Menschen etwas ermöglichen. Ich bin nicht allwissend, ich bin »nur« Annie, die sich Gedanken macht, wie wir ein gutes, ein friedliches, ein liebevolles Miteinander gestalten können. Und ich bleibe laut.

Glaube

Meine Freundin Steffi hasst Koriander. Ich hingegen liebe dieses Gewürz. Für mich ist ein Leben ohne Koriander zwar möglich, aber sinnlos, zumindest mit Blick auf meine Küche. Kalte Gurkensuppe, vietnamesisches Phở, mexikanische Guacamole – auf alles schmeiße ich Büschel von Koriander.

Mit meiner Vorliebe bin ich nicht allein, aber Steffi ist es mit ihrer Ablehnung auch nicht. Es gibt bei Facebook sogar eine Gruppe von Koriander-Hasser*innen, die ungefähr 200 000 Mitglieder hat. Menschen, die Koriander abscheulich finden, haben den Drang, dies auch öffentlich zu machen. Kaum eine Gewürzpflanze wird emotionaler besprochen. Während Dill ähnlich viele Emotionen wie eine Diskussion über die Deutsche Bahn auslöst und das gemeinsame Feindbild Menschen solidarisch werden lässt, scheint Koriander eher in die Kategorie Wärmepumpe, missglückte deutsche ESC-Teilnahme oder bedingungsloses Grundeinkommen zu gehören. Kaum wird das Thema angesprochen, schlagen die emotionalen Wogen hoch.

Beim Essen werden flüchtige Moleküle freigesetzt, die durch den Mund mit der Luft in die Nase gelangen. Dort werden sie von den Riechrezeptoren erkannt, und das Gehirn sortiert und interpretiert die Informationen, um den Gesamteindruck des Aromas zu bilden. Viele schreiben dem nach meiner

Wahrnehmung einfach nur köstlichen, grünen Pflänzchen ein eher »seifiges Aroma« zu.

Verantwortlich dafür könnte das Gen OR6A2 sein, das eine Art Bauplan für einen Geruchsrezeptor enthält, so vermuten manche Forscher. Aber ob wir Koriander und seinen Geschmack mögen – ob er für uns durch die genetische Prädisposition nun seifig-eklig schmeckt oder nicht –, liegt auch an den persönlichen Erfahrungen und kulturellen Einflüssen. Die genetische Komponente ist gegeben, doch erst im Hirn findet unter Berücksichtigung von Geruch und Geschmack eine emotionale Bewertung statt. Dabei spielt auch eine Rolle, in welcher Kultur wir aufwachsen und welche Gefühle wir mit den Situationen verbinden, in denen wir Koriander gegessen haben.

Seit Langem frage ich mich: Gibt es vielleicht auch so etwas wie ein Glaube-Gen mit einem Bauplan für einen Rezeptor? Ist Glaube etwas, wofür wir eine Prädisposition haben oder eben nicht? So etwas wie ein »Glaube-Gen«, das dafür verantwortlich ist, wie uns der Glaube schmeckt. Dabei geht es nicht darum, ob es gut oder schlecht schmeckt, sondern vorerst nur ganz grundsätzlich ums Aroma. Ob wir am Ende den Glauben für uns entdecken und annehmen – oder ob wir Schwierigkeiten damit haben, alles ablehnen, kann ebenso wie bei der Begeisterung für Koriander vom kulturellen Kontext abhängen. Damit, in welcher Kultur wir aufgewachsen sind und welche persönlichen Erfahrungen wir mit den Situationen verbinden, in denen wir mit Glaubensfragen konfrontiert wurden.

Den Glauben können wir nicht herbeireden und nicht wegzwingen. Ich kann ihn auch wieder verlieren, selbst wenn ich glaube, ihn gefunden zu haben. Der Zweifel kann mich überwältigen.

Manche leiden an Übergriffigkeit und Verletzungen durch Kirche oder Gemeinschaft – seelisch oder körperlich. Andere an einer unerfüllten Sehnsucht, fehlenden Antworten auf drängende Fragen. Scheinbar unerhörten Gebeten oder dem Zwiespalt zwischen dem eigenen Intellekt und dem Konflikt, sich das ganze Ding mit Gott, Jesus, dem Heiligen Geist, Kreuz und Auferstehung sowie brennenden Büschen, aus denen eine Offenbarung Gottes sprechen soll, nicht erklären zu können.

Ich bin in einem sehr christlichen Haushalt groß geworden, indem ich Glaube als etwas Positives kennengelernt habe. So wie eine Umarmung.

Mir klingt die Stimme meiner Tante im Ohr, die mir bei all meinen Ausflügen in die Humangenetik zuruft: »Die Geistkraft weht, wo sie will! Steht bei Johannes in 3, 8!«

Was sie damit meint, ist, dass der Heilige Geist eine starke Kraft ist, unabhängig, frei, nicht vorhersehbar. Etwas, das nicht mit menschlichen Vorstellungen vereinbar ist. Nicht mit Gen-Vergleichen und auch mit sonst nichts.

Begrenzungen wie zum Beispiel Gefängnismauern könnten die Geistkraft Gottes nicht aufhalten. Die Kraft könnte ganz unerwartet, jederzeit, an jedem Ort und in jedem Menschen wirken.

Meine Tante hat recht, der Satz steht so in der Bibel. Und dennoch denke ich die ganze Zeit, was ist, wenn die Geistkraft Gottes weht und jemand das Segel nicht hochgezogen hat. Sind es letztendlich nicht unsere individuellen Lebenserfahrungen, die wie ein hochgezogenes Segel wirken und damit bestimmen, in welche Richtung dieser Wind uns treibt?

Ich kenne zwei Schwestern, die eine ist mit einem starken Gottvertrauen unterwegs, die andere nicht. Die zweite hat ihr ganzes Leben versucht, eine persönliche Gottesbeziehung aufzubauen – zu einem Gott, an den sie nicht glauben konnte, sosehr sie es auch versuchte. Erst mit über sechzig Jahren hat sie sich erlaubt, die Entscheidung zu treffen, dass es ist, wie es ist. Dass sie sich noch so sehr abmühen kann, aber halt einfach nicht glaubt. Sie mag die Lehre von Liebe und Geborgenheit, die hinter der Konfession steht, der sie noch immer angehört. Das will sie nicht missen, und mit dieser Erkenntnis ist sie wahrscheinlich Gott viel näher als viele andere. Weil sie endlich aufgehört hat, darum zu kämpfen, »wahrhaftig« glauben zu können – und losgelassen hat.

Der Zweifel gehört zum Glaubensweg. Und er ist wichtig, weil er uns davon abhält, unseren Glauben über den eines anderen zu stellen. Es tut uns gut, zu wissen, dass wir nichts wissen.

Wenn der Zweifel mir hilft, tiefer nach einem spirituellen Verständnis zu suchen und Glaubenssätze zu hinterfragen, ist er ein Freund des Glaubens. Und solange der Zweifel mich nicht zerfrisst, darf er gerne bleiben.

Bis zu meinem mehrmonatigen Aufenthalt in der psychosomatischen Klinik, den ich nach dem großen Showdown in Hamburg am 15. Dezember angetreten habe, habe ich den christlichen Glauben, der mir eigentlich bis dahin auch nie fremd war, nicht als etwas verstanden, was mich im Leben stützt und Kraft gibt. Weil der Glaube einfach in großer Selbstverständlichkeit »mitgelaufen« ist. Er war halt immer da, ich musste nicht nach Gott suchen.

Jetzt darfst du gerne einmal so richtig über mich lachen, ich mache es auch, wenn ich an diese Momente denke. Zweimal in meinem Leben habe ich Gott in meinem Leben ganz fest versprochen, dass ich ab jetzt wirklich ganz fest an ihn glauben werde. Das erste Mal bei der Jahrtausendwende, da war ich gerade in den USA und hatte ein wenig Schiss, dass die Welt explodiert, wenn es Mitternacht wird. Während alle mit ihren »Jahr-2000-Brillen« auf der Nase euphorisch feierten, war ich mir zwischendurch auf eine abstruse Art fast sicher, dass das Ende naht. Vielleicht lag dies auch daran, dass ich an diesem Abend 38 Hot Chicken Wings hinuntergeschlungen hatte und mich so fühlte, als hätten die Teile meinen Magen perforiert. Jedenfalls hatte ich üble Magenschmerzen.

Zehn Sekunden vor dem Jahrtausendwechsel stand ich mit der leeren Box, in der vorher die Chicken Wings Platz gefunden hatten, als Notfalleimer in der einen Hand und einem Glas mit alkoholfreiem Sekt in der anderen in der Küche. Ringsum die ganze Partygemeinde. Während alle lauthals »Ten, nine, eight, seven, six, five, four, three, two …« herunterzählten, schloss ich die Augen und betete, dass der Weltuntergang nicht passieren möge: »Wenn wir das alle überleben, dann verspreche ich dir, Gott, dass ich nie mehr an deiner Existenz zweifle.«

Ich wusste gar nicht, ob ich jemals wirklich daran gezweifelt hatte, aber es schien mir ein guter Deal zu sein, wenn dafür das Überleben der Menschheit rausspringt.

Der zweite Moment, in dem ich mich ganz bewusst an Gott gewandt und ihm etwas versprochen habe, war im Christlichen Krankenhaus in Quakenbrück, in dem ich dreieinhalb Monate verbrachte, nachdem klar war, dass es so wie bisher mit meinem Leben nicht weitergehen konnte. Ich war suizidgefährdet, hochgradig depressiv, und außerdem hatte ich eine Essstörung.

Die Tage waren gefüllt mit Ergo-, Sing-, Tanz-, Einzelgesprächs- und Gruppentherapie, Biofeedback, Bewegungsbad und Sport. Sonst war für mich nicht viel zu tun. Deshalb habe ich zwischen den drei Hauptmahlzeiten oft heimlich im Restaurant auf dem Krankenhausgelände gegessen, das skurrilerweise »Kuckucksnest« hieß. Das habe ich in meinem, in Selbstverantwortung geführten, Ernährungsprotokoll einfach nicht aufgeführt. Ich hatte immer solch einen großen Hunger, auf was auch immer – so als wollte ich das ganze Leben und die Welt verschlingen. Ich wollte voll sein, voller als satt.

Beim Frühstück aß ich die Brötchen von den Mädels, die bei mir am Tisch saßen und nichts aßen, einfach mit. Manche wogen die Hälfte von mir, wenn überhaupt. Die meisten von ihnen wurden irgendwann parenteral oder über eine Sonde ernährt.

Ich konnte mich nicht zügeln, habe alles in mich hineingestopft. Das Entfernteste, zu dem ich auf dem Gelände gehen durfte, war die Krankenhauskapelle. Dreimal in der Woche bin ich dort abends zur Andacht gegangen. Auch wenn ich nicht mit allem einverstanden war, was gesagt wurde, merkte ich: »Irgendwas gibt mir hier gerade ganz schön viel Kraft!«

Während der Krankenhauszeit galt es nahezu täglich, neue Entscheidungen für mich und mein Leben zu treffen. Wie ich mich zukünftig ernähren würde, was ich besser lasse, auf was ich hören will. So habe ich ganz bewusst auch die Entscheidung getroffen: Glaube ist für mich eine tragende Säule meines Lebens.

Lange musste ich mir den Glauben quasi auf Wiedervorlage legen, weil ich manchmal aus dem Blick verloren habe, was mich trägt. Insbesondere in Momenten, in denen es mir nicht gut geht, fällt es manchmal schwer, ein Licht in der Dunkelheit zu sehen oder Lösungswege im weltlichen Wirrgarten wahrzunehmen. Ich habe mir recht unromantisch eine Liste geschrieben, auf der alle »Säulen«, die ich für wichtig halte, draufstehen. Diese Liste in schwierigen Situationen zur Hand zu nehmen, tut einfach gut: »Ach ja! Da war ja was.«

Wenn wir ganz ehrlich miteinander sind – und ich finde, wir haben einen guten Start hingelegt –, dann habe ich noch ein drittes Mal ganz bewusst Gott etwas versprochen. Ich habe mich bewusst konfirmieren lassen, nicht wegen der AIWA-Anlage mit dem Sechsfach-CD-Wechsler und der Aussicht auf die Umschläge der Nachbarn mit ein paar Scheinchen drin. Dass ich an dem Tag eine E-Gitarre bekommen sollte, konnte ich schließlich nicht vorher wissen.

Dienet einander, ein jeder mit der Gabe, die er empfangen hat, als die guten Haushalter der mancherlei Gnade Gottes.

Das ist mein selbst ausgesuchter Konfirmationsspruch, der mich nicht nur beruflich immer wieder in dem, was ich tue, bestätigt.

Es waren die Neunziger und ein wunderbares Fest. Ich erinnere mich daran, dass Jessica aus meinem Konfikurs in der Kirche ein Kuhflecken-Outfit trug. Auch wenn der ganze Tag viel zu aufregend war, um ständig an den Anlass des Festes zu denken, war mir bewusst, dass ich verspreche, mich immer wieder neu auf die Suche nach dem Glauben zu begeben.

Ich glaube an die Liebe.
Ich glaube, dass mich nichts von dieser Liebe trennen kann.
Ich glaube, dass wir alle so gemeint sind.
Ich glaube daran, dass durch den feinsten Riss ein sachtes Licht strahlen kann.
Ich glaube an die Macht eines einzelnen Wortes.
Ich glaube an das Lachen, das uns trägt und heilt.
Ich glaube an Wunder.
Ich glaube an die große Kraft der Wahrhaftigkeit.
Ich glaube an uns Menschen.
Ich glaube daran, dass wir okay sein werden.
Ich glaube an das Knistern zwischen uns.
Ich glaube daran, dass wir irgendwann überwunden haben werden, was uns trennt.

Theologia cuciniaria – Küchentheologie

Ich habe mehr Kochbücher im Schrank als Bibeln. Ich sammle sie. Bei mir geht Glaube auch durch den Magen. Ich bin Küchentheologin. Nun gut, ohne Abschluss und selbst ernannt, jedoch mit großer Leidenschaft. Doch was macht sie aus, diese Küchentheologie?

In meiner Küche wird ausgelassen getanzt, gesungen, geschmaust, gewirbelt und laut diskutiert. Das Leben spielt sich doch meistens in der Küche ab. Dort kommt die Familie oder die Wohngemeinschaft zusammen, es wird vom Tag erzählt, in den Tee geweint, sich gezofft und über einer heißen Kartoffelsuppe wieder vertragen. Die Küche ist mein Wohlfühlort. Dort finde ich auch ganz meditativ zu mir selbst. Wenn ich koche und es zwischen dem Schnippeln und Töpfejonglieren auf dem Herd blubbert, köchelt, zischt und dann alles auf den Punkt gleichzeitig aufgetischt wird, dann tanzen meine Endorphine. Das Erste, das ich tue, wenn ich von einer Konzertreise nach Hause komme, ist, dass ich den Koffer links liegen lasse und den Kühlschrank öffne, um eine Bestandsaufnahme zu machen. Blitzschnell kombiniere ich danach alles, was da ist, gedanklich zu einem Gericht, wasche meine Hände und lege dann sofort los. Manchmal habe ich sogar bei den ersten Handgriffen noch meine Jacke an. Die Küche und das Kochen sind für mich einer Art Schleuse zum Nachhausekommen.

Dort findet eine Wasserstandsangleichung statt. Wie in einer Schleuse wird mein imaginäres Schiff, auf dem ich durch das Leben segle, mit all seinem Gepäck (um nicht zu sagen: Ballast) abgesenkt. Dabei verflüchtigt sich das, was mir in den letzten Tagen passiert ist. Das Immer-auf-Sendung-sein, all die Begegnungen, die ganze Verantwortung, der Stress treten in den Hintergrund, und ich erreiche ein Level, bei dem das Tempo deutlich reduziert ist und ich das Gefühl habe, wirklich zu Hause angekommen zu sein.

Ich nutze die Chance, während des Kochens so etwas wie Besinnung einkehren zu lassen. Und ich bin dankbar, währenddessen auch einfach mal nicht reden zu müssen. Ja, die Plapperschnute, bei der manche sonst eher mal einfach den Stecker ziehen möchten, damit es aufhört – genau die sagt, wenn sie zu Hause ist, auch gerne mal gar nix.

In meiner Küche fühle ich mich wohl und zu Hause, so möchte ich mich auch im Glauben fühlen. Bei uns in Ostfriesland heißt es: »Wenn't Buukje vull is, hett de Seel Rüst.« – »Wenn das Bäuchlein voll ist, hat die Seele Ruh.«

Wir wissen alle, dass die besten Partys in der Küche enden. Dort ist es gemütlich und warm, man sitzt dicht beieinander, ist auch nah am Essen und an den gekühlten Getränken dran. Und wenn mal jemand oder etwas in Partylaune umfällt, dann lässt es sich leicht von den Fliesen wischen. Himmlischer kann für mich eine Situation kaum klingen.

Ich feiere das Leben! Das Beste haben wir im Prinzip noch vor uns. Wenn wir als Christ*innen von dem »großen Danach« sprechen, der Wiederkunft Christi und dem folgenden ewigen Leben, ist das doch die eigentliche große Aftershowparty. Eine fette, niemals endende Party, wenn das hier auf Erden alles vorbei ist. Die Zeit nach der großen Anstrengung, in der sich alles paradiesisch anfühlt: Neue Schöpfung. Frieden. Heil. Ewigkeit. In meinem konkreten Fall gibt es auf dieser Aftershowparty ganze Berge von veganer Sahnetorte und ausreichend Insulin für alle.

Küchenpsychologie wird ebenso wie die Küchentheologie oft unterschätzt.

Eine Psychologie, die sich auf im Alltag erworbenes und auch in Krisenmomenten erprobtes, jedoch rein subjektives Wissen stützt und uns dabei hilft, uns zu orientieren und den aktuellen Herausforderungen des Lebens auf eine besonders praktische Weise zu begegnen.

Während sich die Küchenpsychologie daran versucht, Alltagsphänomene in simplen Sätzen zu Volksweisheiten zu machen (»Gleich und gleich gesellt sich gern« oder »Wenn dem Esel zu wohl ist, dann geht er aufs Eis«), liefert meine Küchentheologie zwar auch auf das Wesentliche reduzierte Glaubenssätze für den Alltagsgebrauch, und das meist niederschwellig, auch wenn sich diese Gedanken nicht als blumiger Kalenderspruch verwursten lassen. Meine Küchentheologie ist natürlich keiner Doktorarbeit würdig, vieles kann damit auch nicht zufriedenstellend erklärt werden. Es bleiben Fragen offen. Doch sie reicht schmackhafte und appetitanregende Impulse. Große theologische Themen werden in kleinen Portionen serviert, nicht bereits vorgekaut, aber leicht verdaulich. Dennoch ist manches keine leichte Kost und erst recht keine Trivialtheologie.

Die Küchentheologie nähert sich theologischen Fragen, komplexen Vorstellungen und Diskussionen nicht oberflächlich oder populistisch. Trotzdem mag das Vorgehen manchmal naiv und unreflektiert erscheinen, weil die Antworten, die die Küchentheologie gibt, sich oft ganz einfach anhören.

Sie ist geprägt durch das gemeinsame Am-Tisch-Sitzen. Dazu gehören das Genießen, das Danken, das Lachen und auch das Schweigen. Das Einander-nah-Sein, indem wir das Leben mit allen Sinnen schmecken.

Neben einem abgebrochenen Studium der evangelischen Religionspädagogik bringe ich eine ebenfalls nicht abgeschlossene Ausbildung zur Diätassistentin mit. Wenn es um Koch- und Küchentechnik geht, kann ich richtig gut klugscheißen. Ich weiß, was breiige Schluckkost ist, und kann sogar die im Jahr 2007 außer Kraft getretene deutsche Hackfleisch-Verordnung zitieren. Außerdem habe ich einen Hang zur Massenverkostung. Dabei halte ich es in der Küche genau so wie auch auf der Bühne: Selbst wenn nur fünf Menschen da sind, spiele ich trotzdem, als wären es tausend. Und ist der Kühlschrank nahezu leer, zaubere ich trotzdem ein Fünf-Gänge-Menü auf den Tisch. Dieses Buch ist sozusagen mein küchentheologischer Serviervorschlag.

Kommen wir zu meiner kirchlichen Sozialisierung: Ich bin methodistisch-pietistisch geprägt aufgewachsen. Kinderstunde und Sonntagsschule, Hella Heizmann und EC-Kindermusicals sind mir nicht fremd. Der Satz »Hände runter, wer Kaffee möchte!« war auf unseren Familienzusammenkünften nie als Scherz gemeint. Wie in manchen frommeren Kreisen üblich, sah es bei uns zu Hause zuweilen so aus, als liefe eine Dauerschleife des Karnevalpartykrachers *Die Hände zum Himmel.* Du kannst dich deshalb also noch so lange melden, wenn du etwas haben möchtest – es würde niemand wahrnehmen.

Mit zwölf Jahren war ich bereits landeskirchlich konfirmiert, dass ich später evangelische Religionspädagogik studierte, hat jedoch der Numerus clausus für mich entschieden und nicht die Leidenschaft. Nach einer kurzen konfessionellen Vereinsabstinenz moderiere ich heute Pfarrkonvente, Veranstaltungen beim Evangelischen Kirchentag und beim Katholikentag, organisiere Gottesdienste, verabschiede reformierte Kirchenpräsidenten und spreche im digitalen Raum als Creatorin der BASIS:KIRCHE, dem YouTube-Kanal des evangelischen Kirchenfunks. Dass ich über viele Glaubensthemen predige und schreibe, gehört dazu.

Aber das ist häufig für viele unverständlich. Manche sagen zu mir Sätze wie: »Was, du bist Christin? Aber ich dachte, du lebst mit einer Frau zusammen. Du verarschst dich doch selbst«, oder »Du bist doch ein intelligenter Mensch, wie kannst du dann an etwas Metaphysisches glauben?«

Oft habe ich darauf spontan keine Antwort, weil sich mir selbst diese Fragen nie gestellt haben. Das eine hat für mich kaum das andere ausgeschlossen.

Doch ganz grundsätzlich rechtfertige ich mich einfach nicht gerne. Ich bin Christin. Das macht mich aus. Deal with it and eat my glitter!

Auf einem Fest zu erwähnen, dass man am nächsten Morgen noch in den Gottesdienst möchte, und sich somit selbst als Christin zu outen, kann zum großen Partycrasher werden. Und damit meine ich nicht das Partycrashlevel, das man erreicht, wenn man mit dem bereits angebissenen Nacho doppelt in die Salsa gedippt hat. Es ist eher, als hätte man sich gerade auf der gasgefüllten Hindenburg eine Zigarette angemacht.

Neulich wurde ich gefragt, ob man sich nicht mittlerweile dafür schämen müsste, Christ*in zu sein. Ich stutzte erst. Schämen? Dieses Gefühl war mir bisher nicht in den Sinn gekommen. Ich überlegte, worauf die Frage abzielen sollte, und war mir dann sicher. Schämen muss man sich ganz bestimmt nicht, aber man muss sich oft rechtfertigen. Und das an vielen Stellen zu Recht. Ich muss mich vorwiegend nicht wegen des christlichen Glaubens rechtfertigen, sondern wegen des Handelns der beiden Kirchen beziehungsweise der verantwortlichen Personen. Ich schreibe hier mit großer Absicht im Plural »Kirchen«, denn die Menschen, die Kritik an Kirche äußern, machen wenig Unterscheidungen zwischen den Amtskirchen. Ich kann kaum noch zählen, wie oft ich mich in den letzten Jahren zu Papst, Vatikan und Zölibat positionieren und vor allen Dingen distanzieren sollte. Und es ist spannend, wie schmal der Grat zwischen vermeintlicher Religionskritik und purer -verachtung sein kann. Ich finde mich häufig angeschrien und unverstanden in Situationen wieder, in denen ich 2000 Jahre Kirchenverbrechen auf meinen Schultern tragen soll. Mir wird dabei oftmals keine einzige ernst gemeinte Frage nach meinem Glauben gestellt, umso lauter aber meine Intelligenz abgestritten.

Trotzdem kann ich alle, die Kritik an den Kirchen äußern, so gut verstehen. Ihre Enttäuschung, Verbitterung, Wut über Machtmissbrauch, Unterdrückung und Kriege, die im Namen von Kirchen, Religionen und Göttern geführt werden. Ich kann verstehen, dass sie kein Verständnis mehr aufbringen wollen, wenn die nächste Rechtfertigung präsentiert wird, warum man so und nicht anders handeln konnte. Es ist unentschuldbar!

Die Konsequenz daraus kann nicht die amerikanische Partylösung sein, die beinhaltet, dass man in Small-Talk-Manier die großen Streitthemen von Waffenpolitik über Immigration bis zur jahrelangen Vertuschung von Straftaten galant umschifft.

Mein Leben auf diesem Erdball ist zu kurz, um mich nur über das Wetter zu unterhalten. Kommt im übertragenen Sinne in meine Küche, da ist es warm, und ich koche uns ein

Süppchen für die Seele, über dem wir dann um Lösungen ringen und Wege suchen, wie wir es zukünftig alle besser machen können. In der wir versuchen, vorwurfsarm darüber zu diskutieren, wie viel menschliche Totalausfälle es beim Bodenpersonal gibt und auch, ob Religion tatsächlich die Ursache für all die Gewalt und den Hass ist oder nur eine Ausrede, ein Platzhalter, ein Stellvertretergrund, der schnell ausgetauscht werden kann, um all das von Menschen angerichtete Übel zu rechtfertigen. Und dann können wir, wenn wir die Suppe ausgelöffelt haben, trotzdem sagen: »Aber das Ganze schmeckt mir immer noch nicht!« Doch wir sind wenigstens darüber im Gespräch geblieben.

Auch wenn es in diesem Kapitel um Küchentheologie geht – keine Angst, hier ist Heiliger-Bogen-freie Zone! Ich versuche nicht, nur weil ich mich selbst zur Küchentheologin ernannt habe, von einem Ratatouille die Heilige Dreifaltigkeit abzuleiten oder mit einer Szene aus *Harry Potter* die Transsubstantiationslehre zu erklären. In alles, was mir begegnet, eine Gotteserfahrung oder Göttlichkeit hineinzubasteln, fällt mir schwer. Ich fahre auch nicht mit 180 Sachen in die Jesus-Kurve, denn da kommt die eine oder der andere schnell ins Schleudern.

Ich lege hier kein Zeugnis ab. Mein Buch ersetzt nicht aus Versehen eine methodistische Zeltmission mit Posaunenchor und vielen inspirierten Menschen, die von ihrer Gotteserfahrung berichten wollen. Ich kann nur von mir erzählen.

Wenn ihr die Bibel lesen wollt, dann lest sie. Gerne nicht allein und unbetreut. Wer einfach vorne anfängt und denkt, es würde sich von ganz allein der rote Faden offenbaren, hat schnell einen Knoten in seinem moralischen Zentrum.

Zusammengefasst ist die Bibel eine Anleitung zum Weltverändern unter der Berücksichtigung der kraftgebenden Säulen im Leben, sodass wir uns dabei nicht verlieren, nicht müde und verbittert werden und unsere radikale Zuversicht bewahren. Diese Welt braucht uns! Lange Sätze kann ich ;)

Wo eine Wand ist, ist auch ein Weg

Zu meinem 13. Geburtstag bekam ich eine Schlagbohrmaschine geschenkt. Wände einzureißen wurde später zu meiner Leidenschaft und Profession. Mir war zu dem Zeitpunkt noch nicht klar, wie wenig ich sie dafür benutzen würde.

Oft steh ich vor richtig dicken Wänden, für die man mehr als eine Schlagbohrmaschine braucht, eher eine sehr große Abrissbirne. Und die schwinge ich oft, manchmal ohne zu wissen, was sich hinter der Wand, vor der ich gerade stehe, verbirgt. Und manchmal gilt es auch, die Mauern erst einmal zu überwinden, bevor sie eingerissen werden können.

Im Alten Testament heißt es: *Ja, du machst hell meine Leuchte; der Herr, mein Gott macht meine Finsternis licht. Denn mit dir kann ich Wälle erstürmen und mit meinem Gott über Mauern springen.* (Psalm 18, 29–30)[7]

Ein Mut machender Text! Wie oft brauchen wir Mut, um neu aufzubrechen oder einen anderen Weg einzuschlagen, die lieb gewonnenen Gewohnheiten zurückzulassen. Grenzen zu überwinden.

Mir gefällt das starke Bild, das hinter diesem Psalm steckt: »… mit meinem Gott kann ich Mauern überspringen.« Ich stelle mir vor, wie ich Anlauf nehme, auf auf eine hohe Mauer zurenne und dann abspringe. Wie ich merke, dass mich eine unglaubliche Kraft nach oben bringt, so als ob mir jemand

Wind unter meine nicht vorhandenen Flügel pustet. So fliege ich mit einer absoluten Leichtigkeit über die Mauer, die sonst für mich unüberwindbar gewesen wäre. Anschließend schwebe ich auf der anderen Seite der Mauer ganz sachte zu Boden, bis ich sicher auf beiden Beinen lande.

Wenn ich in meinem Leben wieder einmal eine schier unüberwindbare Mauer vor mir sehe, kann ich mich auf dieses wunderbare Bild besinnen. Aber es braucht auch Entschlossenheit, Mut und Übung. Ein Stabhochspringer schafft einen hohen Sprung auch nicht ohne regelmäßiges Training. Eines steht fest: Je öfter ich übe zu vertrauen – auf meine eigenen Fähigkeiten, darauf, dass ich geliebt und angenommen bin, mir Kraft geschenkt wird; aber auch auf Gottes Unterstützung, seine »Sprunghilfe« –, umso stärker wird mein Vertrauen. Es braucht Vertrauen, sich tragen zu lassen. Und die Entschlossenheit, auf die andere Seite der Mauer schauen zu wollen.

Mein Freund Christoph hat vor Jahren bei unserem Stamm-Italiener *New York New York* in Oldenburg seinen Geburtstag gefeiert. Zu Beginn des Abends bekamen alle Gäste einen Umschlag in die Hand gedrückt. Darin befand sich ein Foto, auf dem sie selbst zu sehen waren, und eine Anweisung, was zu tun sei. Im Laufe des Abends sollten wir versuchen, unser Foto aus dem Umschlag heimlich mit einem der Bilder, die zahlreich an den Wänden des Restaurants hingen, auszutauschen. Als ich den Rahmen mit dem Bild von Marilyn Monroe vorsichtig von der Wand nahm und versuchte, es unter dem Tisch gegen mein Foto auszutauschen, schwitzte ich Blut und Wasser. Aber es klappte gut, das Personal bemerkte es nicht. Und der Rahmen mit meinem Foto hängt immer noch im Raucherbereich, bis heute. Unser Gastgeber Christoph hatte jedem mit dem Foto auch einen Spruch zugewiesen, gewissermaßen eine Art Lebensmotto. Auf meinem Bild stehe ich lachend an der Wand des Staatstheaters; dazu der Text: »Wo eine Wand ist, da ist auch ein Weg.«

Christophs Eindruck war, dass ich mir selbst immer wieder Wände suche, um an dieser Stelle meinen Weg fortzusetzen – statt eine freie Strecke zu wählen. Und ja, dieses Bild, das er von mir hat, das gefällt mir. Vielleicht war ich in einem vorigen Leben mal eine Abrissbirne und suche mir deswegen Mauern und Hindernisse, die uns davon abhalten, ein gutes Leben zu führen. Wie ein Trüffelschweinchen spüre ich mit Freude die feinsten Geruchspartikelchen sozialer Schranken und Barrieren auf. Und dann auf sie mit Wonne und Gebrüll: Entschlossen, kreativ, unbequem und laut: Der Wind und nicht das Fähnchen – das will ich sein.

Wände einzurennen oder niederzureißen ist meist mit großen Anstrengungen verbunden, es gibt blaue Flecken oder Prellungen. Wenn der Blick auf wesentliche Dinge versperrt ist und Mauern uns voneinander trennen, dann kann ich darauf vertrauen, dass ich gemeinsam mit meinem Gott Grenzen überwinden, Mauern überspringen und Hindernisse einreißen kann.

Doch wie ist in mir überhaupt diese Dringlichkeit gewachsen, mich unbedingt in die unbequeme Lage zu bringen, diese Welt verändern zu wollen?

Offiziell war ich die erste Diabetikerin, die mit dem *Rotary Youth Exchange Program* in ein Auslandsjahr gegangen ist. Zum damaligen Zeitpunkt war es schon schwer, in ein Jugendaustauschprogramm zu kommen, wenn du im Bewerbungsbogen »vegetarisch« angekreuzt hast. Von »vegan« war noch keine Rede.

Ich konnte für ein Jahr in die USA gehen, weil klar war, dass dort meine medizinische Versorgung gewährleistet ist und ich mich verständigen kann, sollte es ein Problem geben. Normalerweise hast du nur bedingt Einfluss darauf, in welches Land du mit dem Rotary-Austauschprogramm kommst, weil es nicht darum geht, eine bestimmte Sprache zu lernen, sondern um die Entwicklung einer globalen Sichtweise. Um die Förderung von Freundschaft, als großes, die Welt umspannendes Friedensnetz. Die Hoffnung ist, dass Jugendliche, die an derartigen Programmen teilgenommen und einen weiten Horizont bekommen haben, Veränderungen oder Entwicklungen vorantreiben wollen oder treibende Kraft sein, die auch andere inspiriert, sich für eine bessere Welt zu engagieren, Entwicklungen voranzutreiben und oder neue Wege zu gehen. Mein Auslandsjahr ist für mich, wie ich bereits geschrieben habe, sehr lehrreich gewesen. Nicht nur, weil ich dadurch unterschiedliche Religionen, eine andere Kultur und neue Traditionen kennengelernt habe, sondern auch die verschiedensten kulinarischen Köstlichkeiten. Die europäischen Kolonisten brachten ihre Küche mit, und diese Einflüsse bereicherten die Vielfalt der amerikanischen Küche. Nicht nur, dass ich durch Carl gelernt habe, wie man selbst Pasta macht, sondern durch die anderen Gastfamilien weiß ich, dass meine Lieblings-Piroggenfüllung die mit Kartoffeln ist und was zu einem vollständigen Thanksgiving-Turkey-Dinner gehört. Ich habe damals damit begonnen, all meine Lieblingsrezepte in einem eigenen, handgeschriebenen Kochbuch festzuhalten. Auch das Rezept für die Piroggenfüllung mit Kartoffeln. Superlecker!

Meine zweite Gastfamilie, bei der ich weitere drei Monate verbrachte, weil dies so im Austauschprogramm vorgesehen ist, waren Nachfahren einer polnisch-irischen Einwandererfamilie. Bei ihnen bin ich Mitte Dezember in die Großproduktion von Piroggen eingestiegen, damit genügend Vorrat für die weihnachtliche Familienvöllerei zusammenkam. Natürlich war ich auch mit dieser Familie im Gottesdienst. Bei einer Sonntagspredigt habe ich damals zum ersten Mal in einem Gotteshaus gedacht: Das kann ich so nicht stehen lassen! Es ging um Abtreibung. Der Priester redete sich in Rage, wurde richtig laut und wütend. Purer Hass schwappte von ihm auf die Schäfchen in den Kirchenbänken. Ich war geschockt, so etwas in einer Kirche zu hören.

Als Frau, als Mensch mit Uterus, wurde ich durch die Worte des Priesters derartig degradiert und in eine Sündhaftigkeit gestellt, dass ich mich später gefragt habe, warum ich nicht mitten im Gottesdienst aufgestanden bin, um dem Mann vor allen zu sagen: »*Your're wrong!*« Als ich wenig später mit meiner Gastfamilie nach Hause fuhr, sagte ich, dass ich das, was ich gehört habe, nicht ignorieren kann. Wir müssten darüber reden. Denn wenn das, was heute in der Kirche gepredigt wurde, das ist, was auch sie so sehen, dann weiß ich kaum, wie ich mit ihnen weiter zusammenleben kann.

Dass es in den USA nicht angesagt ist, seinen Eltern zu widersprechen, hatte ich in den vergangenen Monaten durchaus wahrgenommen. Doch ich konnte nicht dazu schweigen.

Meine Gasteltern erklärten mir, dass sie das, was der Priester gepredigt hatte, als ganz normal betrachten – es entspräche ihren eigenen Werten. Aber sie wären dennoch bereit, sich meine Gedanken anzuhören. Anschließend wurde ich mit Floskeln der »Pro Life«-Bewegung überschüttet. Leider reichte mein Englisch nicht aus, um dem argumentativ standhalten zu können. Wenn ich heute darüber nachdenke, an welchem Punkt ich das erste Mal bewusst für etwas eingestanden bin, Haltung gezeigt habe, dann ist es genau dieser Moment gewesen.

Es ist mir wichtig, meine Meinung engagiert zu vertreten und für sie auch zu streiten. An vielen Stellen sind wir ganz persönlich gefragt und müssen Position beziehen, wenn es um herausfordernde Entwicklungen in Politik und Gesellschaft geht. Um die Rechte von Minderheiten, Unterdrückten, Umweltschutz, Friedensfragen.

Wenn mein Gerechtigkeitsempfinden sich meldet, dann kann ich nicht anders, als mich leidenschaftlich in eine Debatte hineinzuschmeißen. Ich schätze die Diplomatie bei anderen, bin aber selbst oft nicht diplomatisch. Als würde es ständig unkontrolliert in mir schreien: »Neutralität ist etwas für Anfänger!« Ungeachtet der Uhrzeit kann ich mich bei Auseinandersetzungen in ein Thema richtig verbeißen, bis eine heult. Und das bin immer ich.

Ganz ehrlich: Ich würde es mir manches Mal gerne leisten können, auch mal keine Meinung zu etwas zu äußern. Denn das birgt die Gefahr, Angriffsfläche für Andersdenkende zu sein.

Wenn ich merke, dass mir noch der richtige Argumentationsweg oder eine klare Beweisführung fehlen, um Mitdiskutierende zu erreichen, ärgere ich mich. Oft liege ich stundenlang nachts wach, nur um fiktive Diskussionen in meinem Kopf zu führen, um beim nächsten Mal besser gewappnet zu sein.

Und ich mache keinen Hehl daraus, dass ich versuche, bei herausfordernden Themen besonders gut vorbereitet zu sein. Ich liebe es, Sachverhalte genau zu analysieren und dabei entweder einen Wissensvorsprung zu entwickeln – oder zumindest mein Bauchgefühl später besser in Worte packen zu können. Und dann: rein in die lautstarke Debatte!

In zahlreichen Diskussionen über all das, was mir wichtig ist – über meine Bibel, meine Werte, das Grundgesetz und die

Menschen –, habe ich oft auch die Chance bekommen, meine Haltung zu überdenken. Ich liebe die Bäder in Redekunst, Wein, Standpunkten, gekränkten Egos und Krawall.

Und ich habe auch gelernt zu sagen, weshalb ich so engagiert diskutiere, vielleicht sogar aufbrausend wirke. Beispielsweise, dass meine eigenen Erfahrungen mit Diskriminierung mich oft emotional reagieren lassen. Dann sage ich: »Wenn du damit jetzt nicht umgehen kannst, dann tut es mir aufrichtig leid, denn ich möchte dich damit nicht überfordern. Aber behalte es im Hinterkopf, wenn du mit mir über Sexismus, Ableismus, Rassismus, Antisemitismus … redest. Es kann sein, dass ich durch das Sprechen über ähnliche Diskriminierungsstrukturen getriggert werde.«

Ich habe gute Erfahrungen damit, es genau so meinem Gegenüber zu sagen.

Oft reiße ich meine Klappe auf und bin gespannt, wie lange das noch gut geht. Ob ich das wirklich bis zum Ende des Lebens durchhalten werde oder mir irgendwann mal die Traute abhandenkommt, weil es mir so richtig an den Pelz geht. Denn ehrlicherweise kann ich nur große Töne spucken, weil ich in einem Land lebe, in dem grundlegende Menschenrechte geachtet werden. Die Meinungsfreiheit, Glaubens- und Gewissensfreiheit, alle Freiheitsrechte, die in unserem Grundgesetz verankert sind und uns in Deutschland zugesichert werden, schützen mich.

Darüber zu reden schafft Bewusstsein, sensibilisiert uns für die wichtigen Themen der Zeit und motiviert uns, Missstände anzupacken. Aus einem zarten Gedanken kann sich ein beherztes Tun entwickeln. Gemeinsam finden wir oftmals schneller bessere Lösungen. Wir bilden Banden und damit auch Schwungmasse. *Geiht blot mitnanner,* – heißt es bei uns im Norden – »*geht bloß miteinander!*« Miteinander weiterzudenken und zu diskutieren, ist *die* Basis für eine gute demokratische Kultur. Gemeinsame Ziele für unsere Gesellschaft in den Blick zu nehmen und Probleme anzugehen.

Wie oft denken wir, dass das, was wir sagen und tun, keinerlei Wirkung auf das Weltgeschehen hat. In unserer gefühlten Ohnmacht finden wir die Hebel nicht, um etwas Großes zu bewegen, und fragen uns: Kann ich überhaupt etwas tun, was bedeutsam ist, was Einfluss hat? Doch ich bin mir sicher, dass alles, was wir tun, aber auch das, was wir eben nicht tun, einen Unterschied macht. Und wenn der eigene Beitrag noch so klein ist. Aber vielleicht ist es das letzte Tröpfchen, das ein Fass zum Überlaufen oder ein scheinbar statisches System in Bewegung bringt.

Eine der wichtigsten Tugenden, die es braucht, um die Welt zu verändern, ist wohl die Geduld. Hab ich nicht. Es braucht oft ausdauernden Langmut, bis sich etwas bewegt – und das bedeutet leider, dass man lange warten muss. Kann ich nicht. Zumindest nicht, ohne die ganze Zeit in Aktion zu sein und mir das, was sich ereignen soll, in den kleinsten Kleinigkeiten auszumalen. Ich habe durchaus Ausdauer, Beharrlichkeit und Durchhaltevermögen; und ich übe mich in Nachsicht, versuche etwas ruhig und beherrscht zu ertragen. Aber das fällt mir selten leicht. Um langmütig zu sein, trage ich zu viel Sehnsucht nach Veränderung in mir. Ich bin oft nicht gelassen, sondern rastlos, weil ich nicht allzu lange abwarten will, bis sich meine Sehnsucht erfüllt. Stattdessen will ich anpacken – und das möglichst sofort. »Jetzt ist die Zeit« (Markus 1, 15), lautete das Motto des Evangelischen Kirchentages im Sommer 2023 in Nürnberg. Mehr als 60 000 Christ*innen waren vor

Ort mit dabei, viele Tausend haben das Geschehen über die Medien mitverfolgt. Wenn so viele zusammenkommen, können sie Zeichen setzen. Erich Kästner sagt mit Blick auf die Verantwortung des Einzelnen: »Es gibt nichts Gutes. Außer man tut es.«

Mit zwölf war mein Lieblingslied *Ironic* von Alanis Morissette. Es beginnt mit den Worten: »An old man turned 98, he won in the Lottery and died the next day…«

Wie lange werde ich leben? Ich weiß es nicht. Niemand weiß es. Und trotzdem sagen sich so viele von uns: »Wenn ich erst einmal einen neuen, richtig guten Job und genug Geld verdient … wenn ich bei *Minecraft* den großen Drachen besiegt … oder wenn ich dieses Manuskript endlich fertig geschrieben habe, dann … ja dann! Dann fang ich richtig zu leben an, dann wird sich alles positiv verändern.«

Wie viele starren ihr Leben lang auf das, was sie eigentlich erleben wollen, anstatt etwas zu ändern? Wie viele Menschen verschieben ihre Träume auf später? Nach dem Motto: Wenn ich in Rente bin … dann beginnt das gute Leben. Und dann, wenn du mit 67 gerade deine Traumreise gebucht hast, hört dein Herz plötzlich auf zu schlagen. Deine Zeit ist um.

Manche sagen, all unser Mühen ist vergeblich. Denn bald ist es so weit, wir stecken mittendrin in der »Endzeit«. Wir müssen nur durchhalten und das ganze Elend aushalten, denn auf uns wartet das Paradies, das uns die Bibel verheißt, das ewige Leben. Mein Uropa hat irgendwann einmal beschlossen, dass er jetzt keine Kartoffeln mehr anbaut, weil er dachte, dass es sich sowieso nicht mehr lohnt, weil das Ende naht. Ja, und dann – war nix! Zur nächsten Kartoffelerntezeit erschienen keine vier Ponys am Himmel und auch kein Deichschaf, das

Anstalten machte, ein Siegel zu öffnen, die Apokalypse, die in der biblischen Offenbarung des Johannes beschrieben wird, wurde schlichtweg nicht eingeleitet.

Wie oft hat die Menschheit schon gedacht, dass die Welt bald untergeht? Bei all den Bedrohungslagen ist das auch nachvollziehbar, selbst wenn die Wahrscheinlichkeit eines Asteroideneinschlags laut aktuellen Berechnungen der NASA am 14. Februar in 2046 bei nur 1 zu 625 liegt. Tatsächlich ist erst kürzlich ein neuer, dicker Brocken in 18 Millionen Kilometern Entfernung zur Erde entdeckt worden. Das teilte das »Planetary Defense Coordination Office« der NASA mit. Der Asteroid der soll ausgerechnet am Valentinstag 2046 der Erde relativ nahe kommen – auf eine Distanz von 1,8 Millionen Kilometern. Eine etwas aus dem Ruder geratene Liebesbotschaft aus dem All am Tag mit den vielen Herzchen? Ich fände es extrem ungünstig, wenn ausgerechnet an diesem Tag etwas Schreckliches passierte, denn im Jahr 2046 habe ich statistisch gesehen noch keinen Preis für mein Lebenswerk erhalten.

Egal wann und wie jemand versucht hat, einen Weltuntergang zu einem bestimmten Datum herbeizuprophezeien: Nostradamus, Harold Camping, Y2K, Planet X oder der Mayakalender – am realsten war die Gefahr bislang vermutlich während des Kalten Krieges. Als das Wettrüsten und die nukleare Bedrohung zusammen mit den damaligen politischen Spannungen eine hochexplosive Mischung ergaben.

Aktuell ist der Klimawandel eine reale Gefahr. Wir steuern auf eine Erwärmung von mehr als drei Grad zu, was verheerende Folgen haben wird, wenn wir den Prozess nicht stoppen können.

Es gibt Stimmen aus den eigenen Reihen, dass Kirche sich in politische Themen nicht einmischen dürfe. Deshalb sei es auch nicht ihr Auftrag, über den Klimawandel zu informieren oder sogar zum Klimastreik aufzurufen. Das finde ich absurd! Sollte Kirche wirklich einfach nur da sein, um uns Menschen beim Scheitern seelsorgerlich zu begleiten, wäre sie ein Art Palliativbegleitung, die uns beim bevorstehenden Ende beistehen soll.

Die ständige Gleichzeitigkeit der Dinge kann schrecklich überfordernd sein. Während der Coronapandemie war mein Leben auch schon eine einzige Krise. Hunderttausende Menschen starben, es herrschte zeitweise ein Ausgeh- und lange für Künstler*innen ein Auftrittsverbot. Meine Partnerin erkrankte an Krebs, meine Mutter war ebenfalls schwer krank, meine kleine Welt war erschüttert. Gleichzeitig begann damals neues Leben, meine Nichten und Neffen wurden geboren, ich habe einen neuen Freund gefunden.

Während ich diese Zeile schreibe, herrschen Terror und Krieg im Nahen Osten. Russland schießt weiter Raketen auf Kiew, Millionen von Menschen werden vertrieben.

Bei meiner Konfirmation musste ich aus Prediger (3, 1–11) vorlesen, den Klassiker »Alles hat seine Zeit …«. Beim Lesen schien es mir so, als würde das alles nacheinander passieren: Töten hat seine Zeit, und Heilen hat seine Zeit; Zerstören hat seine Zeit, Bauen hat Zeit. Weinen, Lachen, Klagen … und Tanzen!

Ja, alles hat seine Zeit. Aber die aktuelle Gleichzeitigkeit der Ereignisse macht es dringlich: Die Zeit ist jetzt reif! Für mich, für uns alle: Haltung zu zeigen, zu bestimmten Entwicklungen nicht zu schweigen, laut zu sein.

Manchmal frage ich mich allerdings auch, ob wir nicht ein bisschen *late to the party* sind. Jesus sagte ja schon vor echt langer Zeit zu seinen Nachfolger*innen: »Jetzt ist die Zeit! Ändert euer Leben!« Er sagte nicht: »Haltet aus, haltet durch. Das mit den Kartoffeln, das lohnt doch nicht mehr!«

Dennoch fragen sich viele ungefähr 2000 Jahre später, ob es sich lohnen könnte, jetzt die Hände mal aus dem Schoß zu nehmen.

Ich lese hier eine klare Aufforderung zum Aktivismus: »Ändert euer Leben und so auch das Gesicht der Welt!« In manchen Bibelübersetzungen steht übrigens nicht: »Ändert euer Leben!«, sondern: »Kehrt um zu Gott!« Kryptisch, wie ich finde. Was soll das denn konkret für mich bedeuten?

Jeden Tag die Bibel lesen, Psalm 23 auswendig können, im Restaurant laut vorm Essen beten, an Türen klingeln, mir ein »What would Jesus do?«-Tattoo stechen lassen, die Zehn Gebote beachten und mit dem Finger auf andere zeigen, die das alles nicht tun? Für mich ist das alles nicht der Weg. Obwohl, vielleicht das Tattoo …

Ich fühle mich gerade als Christin momentan stark gefordert – und damit meine ich nicht irgendeine Rolle als politisch korrekte Moralagentur oder ethischer Anstandswauwau, sondern ganz konkrete Taten, weil ich nicht will, dass später über mich gesagt werden kann: »Ach, auch die Annie konnte nichts bewegen, sie war eben ein Kind ihrer Zeit.« Wir alle sind Kinder der Zukunft! Das, auf das so viele von uns warten, darf jetzt sein.

»Ändert euer Leben!« – und damit auch das der anderen. »Jetzt ist die Zeit!«

Unsere Zeit, sie kommt nicht erst in irgendeiner fernen Zukunft, sie hat schon begonnen.

Weil's einen Unterschied macht

Vielleicht fehlt nur ein einzelner Gedanke,
frei schwebend im Wind
Vielleicht fehlt nur ein einzelner Schritt,
damit die neue Zeit beginnt
Vielleicht fehlt nur eine einzige Hand, damit du nicht fällst
Und es ist nur eine einzelne Stimme, die zum Frieden fehlt

Es braucht nur einen Hauch von nichts,
dass der Ast unter der Schneelast bricht

Weil's einen Unterschied macht
Einen leisen, kleinen, feinen – eben meinen
Will ich dabei sein!

Ich will die letzte Frage sein, die es am Ende braucht
Egal wie leise, gemeinsam sind wir doch ein Chor,
denn wir sind viele – und wir sind laut!

(Die Deichgranaten)[8]

Banden bilden

»Wir sind viele – und wir sind laut.« In diesem Kapitel geht es um etwas, was so richtig Partystimmung in dieses Diversitäts-Ding bringt: Bandenbilden, Schallverstärken, Solidarisieren! Oder wie wir auf Plattdeutsch sagen: Allyship!

Vorab so viel: Unsere Gesellschaft hat sich in Blasen eingerichtet. Keine leichten, zart schwebenden, schönen Seifenblasen, die sich, wenn sie sich treffen, miteinander vereinen und gemeinsam davonfliegen, sondern solche, deren Seifenhaut auf Maximalspannung ist: dünnhäutig und verletzlich. Blasen, die, sobald sie sich begegnen, aufplatzen und die volle Ladung an Meinungen, Wünschen und Ängsten freisetzen. Wir entzweien uns über das Selbstbestimmungsgesetz, Impfungen, Waffenlieferungen, Gendersternchen, Kreuzfahrten.

Jeder weiß, dass wir nur miteinander weiterkommen, wenn wir weiterhin das Gespräch suchen und den Dialog aufrechterhalten. Für mich steht fest: Vielfalt hat Kraft, birgt Potenzial für mehr. Durch Vielfalt ist unsere Gesellschaft nicht nur facettenreicher, sondern auch kreativer und innovativer, weil wir alle Kompetenzen einbringen. So können wir gemeinsam besser den Herausforderungen unserer Zeit begegnen und Probleme lösen, Entscheidungen treffen. Und ja, durch eine Diversität, die Durchmischung all dieser unterschiedlichen »Blasen«, können auch schneller Konflikte entstehen, weil es so viele Sichtweisen, Weltanschauungen, Erfahrungshintergründe und Haltungen gibt, die mitunter auf den ersten Blick nicht kompatibel sind. Manche auch nicht auf den zweiten Blick. So kann das Ganze schwierig werden, vielleicht sogar clashen. Doch wie stark kann eine Gemeinschaft werden, wenn die ersten Konflikte erst einmal gelöst sind?

Wer dieses Buch liest und nicht schon vorher die Vielfalt als große Chance und bereits bestehende Realität abgefeiert hat, dem werde ich mit den paar Zeilen auf diesem Papier auch nicht zu seinem Glück verhelfen können. Lasst uns also gleich da einsteigen, wie wir uns alle gegenseitig unterstützen und solidarisch gegenüber marginalisierten Gruppen innerhalb unserer Gesellschaft sein können.

Es geht darum, internalisierte Glaubenssätze zu verlernen und ganz neu zu bewerten. Ein solcher Prozess kann schmerzhaft sein, weil auch Liebgewonnenes verabschiedet werden muss. Gleichberechtigung und soziale Gerechtigkeit sind die Voraussetzungen für ein dauerhaft gelingendes Miteinander. Doch wie kommen wir dahin? Ich habe keine Generallösung parat, aber ich möchte das mit dir teilen, was mir hilft, diesem Ziel näherzukommen.

Das wird nur gemeinsam gehen. Darum: Bandenbilden …

Es ist total okay, mit dem Thema »Vielfalt« und der Arbeit, die es macht, sich gründlich damit auseinanderzusetzen, momentan überfordert zu sein. Nicht alle von uns haben sich bereits daran gewöhnt, dass Vielfalt Realität ist. Ich kann verstehen, wenn einem der Gedanke kommt, dass zunächst alles »auf einmal« so unglaublich kompliziert scheint. Plötzlich habe ich das Gefühl, ich darf zum Beispiel nicht mehr so sprechen, wie ich es immer getan habe, um niemanden in den Persönlichkeitsrechten und Empfindungen zu verletzen. Wie oft höre ich den Satz: »Dann sag ich lieber einfach gar nichts.« Und ja, es ist vermutlich besser, nichts zu sagen, bevor jemand durch unsere Worte verletzt wird. Aber wo kommen wir hin, wenn wir einfach schweigen. Wenn wir aufhören, miteinander zu reden, ist doch die Welt verloren.

So möchte ich allen, die damit hadern, was und wie sie das, was sie sagen möchten, diskriminierungssensibel und ohne jemanden unabsichtlich zu verletzen, zurufen: »Ja, aber dann frag doch!«

Es wäre alles so viel einfacher, wenn wir mehr fragen würden, statt so zu tun, als hätten wir auf jede Frage eine richtige Antwort. Wir können von einander lernen, wie gut! Und egal, wie wir Vielfalt finden, sie ist da und sie bleibt, ob wir das wollen oder nicht. Wir können sie vielleicht ignorieren, weil wir sie ausblenden wollen, weil sie nicht unserem Weltbild entspricht – aber das ist natürlich nicht sinnvoll. Auseinandersetzen müssen wir uns mit der Vielfalt trotzdem – und dann doch lieber auf sie mit optimistischem Partygebrüll!

Es ist viel wirksamer, mit Menschen am Tisch zu sitzen und zu reden (oder auch mal auf den Tisch zu hauen!), als am Nachbartisch Wortfetzen aufzuschnappen und sich darüber aufzuregen. Doch um miteinander sprechen zu können, muss man erst einmal einen Platz am Tisch angeboten bekommen. Wollen wir die Vielfalt weiter fördern, dann sollten wir die vielfältige Realität unserer Gesellschaft auch dort an den Tischen sitzen haben, wo sich Teilhabe und Teilgabe die Hand geben.

Teilgabe bedeutet, dass die Gesellschaft von der Anwesenheit derer, die mit am Tisch sitzen, profitiert. Es geht eben nicht nur darum, den Menschen Zugang zu verschaffen, sondern selbst zu checken, dass die anderen eine Bereicherung sind und wir genauso von ihnen profitieren wie sie von uns.

»Das haben wir schon immer so gemacht« und »Es war doch nicht alles schlecht« – das sind zwei Killersätze, die unterstreichen, dass die Bereitschaft, sich mit Veränderung neu auseinanderzusetzen, kaum gegeben ist.

Und klar, die Freiheit, sich ausschließlich mit Gleichgesinnten zu treffen und zu umgeben, kann niemandem genommen werden. Das heißt aber nicht, dass diese Entscheidung, diese Freiheit über das Potenzial der Vielfalt zu stellen, eine Gute ist. Denn so wird die tradierte Ungleichbehandlung weiter zementiert.

Ganz grundsätzlich müssen wir an ein leidiges, für viele noch immer schmerzhaftes Thema ran: Die Abschaffung des Patriarchats! Denn das ist einfach nicht mehr zeitgemäß. Männer waren lange Zeit die Entscheidungsträger an vielen Stellen der Gesellschaft. In Politik, Kirche, Sportvereinen, Alumni-Netzwerken und den von Zigarrenrauch vernebelten Altherrenclubs. Das »starke Geschlecht« mit dem Privileg, die großen Räder zu drehen, Geschichte zu schreiben. Aber das ist eben nur die eine Seite. Frauen haben Großes geschaffen, Erfindungen gemacht, Entwicklungen vorangetrieben, dabei die Gesellschaft zusammengehalten. Dabei sind sie immer wieder gnadenlos unterdrückt und missachtet worden. In vielen Ländern dieser Erde ist dies leider immer noch so! Dagegen müssen wir angehen.

Vieles hat sich verändert, gesellschaftliche Errungenschaften in der Gleichberechtigung und der Kampf gegen das Patriarchat tragen Früchte. Manche Bäume, die in den vergangenen 100 Jahren gepflanzt wurden, tragen kleine Knospen, ein paar davon beginnen zart zu blühen. Aber es braucht an so vielen Stellen ein Mehr! Um Gleichberechtigung kämpfen Frauen nicht nur mit Blick auf das Rollen- und Ämterverständnis in der katholischen Kirche. Viele Aktivist*innen, beispielsweise aus der Bewegung Maria 2.0, greifen die männliche*, privilegierte Stellung an.

Die nötige Veränderung wird hoffentlich weltweit bald richtig in Gang kommen. Und das schneller, als Dieter Hallervorden »Palim, palim« sagen kann …

Ich sage: Macht die Türen auf! Lüftet mal durch. Lasst die Blasen nur so durch die Luft tanzen! Denn es braucht so dringend das Aufbrechen der historisch gewachsenen Ungleichbehandlung und die Sprengung von konventionellen Geschlechtersystemen.

Männer sind ja auch mehr als das, was Herbert Grönemeyer über sie singt.

Viele von uns sind mit Privilegien reich beschenkt, und das sollte uns gewahr sein. Erst wenn wir wissen, welche Vorteile wir besitzen, weil wir weiß, cis, heterosexuell, nicht behindert und auch nicht arm sind – oder weil wir beispielsweise Zugang zu frischem Wasser haben, können wir strukturelle Ungleichheit wahrnehmen. Dieses Bewusstsein hilft uns, herauszufinden, an welchen Stellen wir machtvoll sind und unsere Privilegien nutzen können, um diese zu teilen, solidarisch und achtsamer zu sein. Auch dafür, anderen an den Tischen, an denen gesellschaftsrelevante Themen besprochen und Entscheidungen getroffen werden, Platz einzuräumen, Stühle dazuzustellen und wirklich zuzuhören.

Stereotypisierungen und Klischees helfen nicht weiter. Sie reduzieren Menschen auf eine Gruppenzugehörigkeit, die Individualität wird ignoriert, es schürt Vorurteile, und das führt zu Diskriminierung und sozialer Ungerechtigkeit. Kurz: Es entmenschlicht.

Es ist so schwer, die bereits internalisierten Denkmuster zu verändern. Eine bewusste und inklusive Erziehung kann dazu beitragen, zukünftige Generationen zu sensibilisieren. Nur dadurch, dass wir mit Kindern die Einzigartigkeit würdigen und ihnen Respekt für unterschiedliche Hintergründe, Identitäten und Perspektiven vermitteln, können wir langfristig die Grundlagen für eine gerechtere und inklusivere Gesellschaft legen.

Es gibt Momente, in denen ich es über alle Maße bedaure, dass ich keine Kinder habe. Ich bin nicht die einzige Kinderlose in meinem Freundeskreis, und wir haben so ein selbsttherapeutisches »High Five« etabliert. Immer wenn jemand am Tisch sagt, dass er/sie nach Hause müsste, weil der Babysitter gleich gehen oder K1 bis K4 vom Ballett abgeholt werden müsse, dann schlagen wir ein und zelebrieren unsere Unabhängigkeit. Doch ich bin mittlerweile elffache Tante und dazu auch noch Patentante. Vor Kurzem habe ich nach Aufklärungsbüchern für eine meiner Nichten geschaut. Ich erinnere mich, dass wir als Kinder selbst so ein Buch hatten, in das wir immer wieder hineingeschaut haben. Zuerst mit unseren Eltern, irgendwann auch ohne sie. Das war ganz schön spannend, wir haben viel gestaunt und noch mehr gekichert. Doch wenn ich ehrlich bin, war dieses Buch eine Katastrophe. Das gesamte Frauenbild. Die Absolutheit, mit der ausschließlich verheiratete, weiße, dünne und verschiedengeschlechtliche Ehepaare ohne Behinderungen gezeigt wurden. Vielleicht dachte man damals, dass Kinder noch nicht für die Wirklichkeit bereit sind? Im Rückblick betrachtet hechelte das Buch einem realitätsfernen gesellschaftlichen Ideal hinterher.

Auf meiner Suche nach geeigneter Lektüre für meine Nichte durfte ich mit großer Begeisterung feststellen, dass es eine wirklich neue Generation an Kinderbüchern gibt. Nicht nur wirklich divers-inklusive Aufklärungsbücher, sondern auch welche, die sich mit Body Positivity oder Patchworkfamilien beschäftigen. Auch Hörspiele sind inzwischen öfters geschlechtergerecht, kommen ohne ausschließlich weiße, männliche Helden aus. Wenn Kinder ihre Lebensrealität und vor allem sich selbst auf den Seiten wiederfinden, stärkt dies das Selbstwertgefühl, sie werden sich ihrer eigenen Identität bewusst, lernen, Fragen zu stellen und offen über Unterschiede zu sprechen. Es ist so wichtig, stereotype Denkmuster bereits früh zu dekonstruieren, bevor sie sich tief als Glaubenssätze verwurzeln! Und wenn schon meine Augen beim Schenken dieser Geschichten leuchten, dann solltet ihr mal die Augen der Kinder sehen, wenn sie ihre Nasen zwischen die Seiten stecken.

Kommen wir zur Königsklasse des Allyships, weil wir inzwischen nicht nur viel wissen, weil wir viel gegoogelt und gefragt, zugehört und unseren Kindern gute Bücher gekauft haben, sondern auch begriffen haben, was es jetzt zu tun gilt.

Oft ist es mehr als angebracht aufzustehen, damit Worte oder Taten von Diskriminierung nicht im Raum stehen bleiben und somit suggeriert wird, unser Schweigen sei eine Zustimmung – Diskriminierung sei tolerierbar.

Oft kämpfen wir für das, was uns selbst betrifft. Ist meine Tochter lesbisch, dann stehe ich auf, wenn jemand sagt: »Bei Männern finde ich das schwierig, aber bei zwei Frauen würde ich einfach mal gerne zugucken.« Hören wir auf dem Schulhof jemanden schreien: »Du bist doch voll behindert!«, dann knöpfen wir uns denjenigen vielleicht verbal vor, weil wir selbst einen gehbehinderten Onkel haben. Das alles ist löblich – doch das ist nicht Allyship. Menschen sind vielfältig. Ebenso vielfältig sind auch die Diskriminierungsdimensionen. Bei aktiver

Verbündetenschaft braucht es auch den Blick auf diejenigen, die uns vielleicht persönlich fremd sind, um zu verhindern, dass Menschen unter die Räder kommen.

Dabei sind die persönlichen Grenzen oft nicht einfach zu sehen. Für mich kann beispielsweise ein Radiointerview, auch wenn ich in so etwas geübt bin, eine Stresssituation sein. Wenn die Moderation mich in einer Interviewpause, während ein Song läuft, unverblümt mit Stereotypisierungen konfrontiert und ich mich in eine Ecke gedrängt fühle. Dann bin ich, wenn wir beide wieder »on air« sind, derart verstört, dass ich nicht mehr adäquat reagieren kann. Deshalb habe ich auch mit meiner Bühnenpartnerin Insina, mit der ich öfter auftrete, ein Codewort vereinbart, das ich sagen kann, wenn mich eine Situation überfordert, weil ich unterschwellig oder direkt mit einer Diskriminierung konfrontiert werde. Sobald ich das Gefühl habe, keine Kraft zu haben, selbst für mich zu kämpfen, sage ich das Codewort – und dann übernimmt Insina.

Wir brauchen Verbündete, die für uns aufstehen, egal ob sie uns als Bühnenpartner*innen, Töchter, Söhne, Freund*innen, Eltern oder Vereinskamerad*innen haben.

Achtsam zu sein und andere im Blick zu haben bedeutet übrigens nicht, dass wir ständig eingreifen sollten, wenn uns Ungerechtigkeit oder Diskriminierung, die uns nicht selbst betrifft, begegnet. Denn so etwas kann auch übergriffig und genauso diskriminierend sein. Die andere Person muss die Gelegenheit haben, selbst zu reagieren. Und dies gilt es abzuwarten. Die Entscheidung sollte immer bei dem Menschen bleiben, der gerade einer Diskriminierungssituation ausgesetzt ist. Ich schreibe hier natürlich nicht von Situationen, in denen Gefahr für Leib und Leben besteht. Da müssen wir sofort einschreiten oder jemanden zur Hilfe rufen.

Beim Verbündetsein geht es um das konsequente Mitdenken der Bedürfnisse benachteiligter Gruppen und des Einzelnen, die wir vielleicht vorher gar nicht auf dem Schirm hatten. Von Rampen für Rollstühle über Gesetze bis zu Schutzräumen.

Und wir müssen uns bewusst sein: Auch die eigene Diskriminierungserfahrung schützt uns leider nicht davor, selbst andere Menschen zu diskriminieren.

Wichtig: Ich kann nicht beurteilen, wann, durch was und wie stark sich jemand verletzt fühlt oder nicht. Und es ist schon gar nicht meine Entscheidung. Selbst wenn du etwas sagst, das du gar nicht verletzend oder diskriminierend gemeint hast, entscheidest du nicht darüber, wie es für den Menschen wirkt, den du mit deiner Aussage verletzt hast. Und wenn wir, nachdem wir es bemerkt haben, unser Verhalten oder unsere Sprache nicht ändern, dann meinen wir es auch definitiv nicht mehr gut mit dem anderen. Meine Intention ist egal, wenn die Wirkung meiner Worte oder meines Handelns verletzend ist. Wenn du sagst: »Ich bin kein Rassist!«, dann ehrt dich das, weil du wahrscheinlich eigentlich sagen möchtest: »Ich will nicht rassistisch sein.« Dennoch bist du es. Ich bin es. Wir alle sind es. Denn wir sind in einem strukturellen Rassismus groß geworden und bewegen uns auch jetzt noch in diesem System.

Ich will dazu ermutigen, in Situationen, in denen es Menschen braucht, die aufstehen, nicht sitzen zu bleiben. Weder im Wartezimmer, in der Bahn noch in der Kirchenbank. Wenn wir in unserer Gesellschaft, besonders in unserer Gegenwart keinen Rassismus mehr dulden wollen, dann reicht es nicht, darüber zu diskutieren und zu sagen, dass man nicht rassistisch sei. Wir müssen konsequent versuchen, Anti-Rassist*innen sein. Und das gilt für sämtliche Dimensionen von Diskriminierung und Anfeindung.

Allyship – Verbündete sein, das können wir lernen, indem wir es üben. So wie wir einen Muskel trainieren können. Aktives Zuhören, unvoreingenommenes Mitgefühl, sich einzusetzen für Minderheiten und marginalisierte Gruppen, Menschen, die Diskriminierung erfahren – das zeichnet Verbündete aus.

Ein Hoch auf die Vielfalt, auf die Solidarität, auf Allyship!

Ich finde meinen Gott in jeder Kirche

In meiner Erinnerung riecht die USA nach CK *one,* ist mit einer exorbitanten Schicht Glitzer bedeckt und trägt bauchfrei. In den späten Neunzigern habe ich in den Vereinigten Staaten von Amerika gelebt; wenn man die drei genannten Faktoren berücksichtigte, fiel man weder olfaktorisch noch optisch in der Highschool auf.

Mein Jahr im Ausland hat mich in mehrerlei Hinsicht geprägt, sodass ich heute auf Stehpartys gerne meinem Gegenüber erzähle, dass ich – »*Oh well*« – auch einen amerikanischen Highschoolabschluss …, und dann – »*Oh my god!*« – beim Weitererzählen auf einmal einen amerikanischen Akzent habe.

Es war im Rückblick vielleicht nicht das beste Jahr meines Lebens, aber auf alle Fälle das wichtigste. *That's for sure!* Meine positiven Erlebnisse in den USA haben letztendlich auch dazu geführt, dass ich in jedem Land, das ich heute besuche, am liebsten noch einmal zur Schule gehen möchte. Eine Kultur in ihren Grundfesten zu verstehen – Musik, Literatur, Kunst, die feinen sozialen Nuancen und vor allen Dingen den Humor –, das ist seitdem meine große Sehnsucht. Alles ohne Arroganz zu betrachten, ohne zu bewerten, was besser oder schlechter ist als bei uns.

Soweit das Ideal. Damals war ich meilenweit davon entfernt. Und Brücken gebaut habe ich in meinem Auslandsjahr nicht bewusst. Vor allem war ich mit dem *Social Surviving* eines Teenagers beschäftigt: Ja nicht auffallen, sich an die Kultur und das Miteinander anpassen; die erste große Liebe, ziemlich viele Schmetterlinge im Bauch. Und das war nicht unproblematisch … Oh Hilfe, ich hätte in meinem Austauschjahr ja nicht einmal daten dürfen. Und die entscheidende Frage war: »Was ist, wenn sie das nun herausfinden? Werde ich dann nach Hause geschickt?«

Welche eine Schmach wäre das gewesen. Was hätten sie in der Schule gesagt? Wie peinlich wäre das gewesen?! Und was hätten erst meine Eltern dazu gesagt, die in die Reise und das Jahr in den USA so viel Geld investiert hatten, damit ich das erleben darf?

To make a long story even longer: Es war alles ziemlich aufregend.

Und in dieser adrenalingeschwängerten Situation hatte ich meinen Diabetes zwar in Form von Hilfsmitteln wie Spritzen, Insulin und Teststreifen in einer Hälfte des Koffers dabei, doch so wirklich in die USA mitgenommen habe ich die Achtsamkeit für meine Erkrankung nicht. Dafür hatte ich schlichtweg keine Zeit. Und die Hormone tobten in mir.

*

Im Vorfeld der Reise hatte mir *Rotary*, die Austauschorganisation, gesagt, dass es wichtig sei, dass ich alle Familienaktivitäten meiner Gastfamilie mitmache. Das gehöre zu der *full experience* dazu. Nur so könne ich das Leben der anderen kennenlernen und verstehen, mich auf die fremde Kultur einlassen.

Und ja, ich wollte auch unbedingt die volle Breitseite Familienlebensgefühl mitbekommen. Wenn das auch bedeutet, mit in die katholische Messe zu gehen, dann ist das nun mal so.

Mit sechzehn Jahren ist man als Teenager ja eher so drauf, alles abzulehnen, was die Familie tut. Als Austauschschülerin habe ich alles aufgesogen, was mir begegnete, weil es in meiner Gastfamilie so unglaublich anders lief als zu Hause: An Thanksgiving schauten wir gemeinsam im Fernsehen das Hunde-Showlaufen, meine Gastmutter fuhr mich morgens mit dem Wagen zum Schulbus, und wir besuchten zusammen die katholische Messe. Und das sonntags um acht Uhr!

Zu dieser Uhrzeit bin ich normalerweise nicht in der Lage, aufrecht zu sitzen, zu denken und überhaupt zu sein. Doch ich habe es trotzdem total genossen, mit meinem Gastvater zu dieser wirklich unchristlichen Zeit in die Kirche zu fahren und neben ihm in der Bank zu sitzen. Es fühlte sich einfach so an, als wäre ich wahrhaftig ein Teil dieser doch eigentlich fremden Familie. Ich brauchte dieses Gefühl des Aufgehobenseins.

Die Musik in der Messe war ziemlich gut, ich fühlte mich wohl und bekam etwas von Gott erzählt. Und den kannte ich ja schließlich schon. Doch bei allem Bemühen dazuzugehören, war es auch die Zeit der Abgrenzung – ich war schließlich aufsässige sechzehn Jahre alt. Sosehr ich auch zur Familie und zur Gemeinschaft dazugehören wollte, umso rebellischer fühlte ich mich, wenn ich in der Schule wahlweise einen Pyjama oder schulterfreie Tops trug. Beides war nicht erlaubt. Zweimal besuchte ich ein Bar, zu der man offiziell erst mit einundzwanzig Jahren Zutritt hatte. Und ich fuhr ein paarmal ohne Führerschein »Baby Blue«, den alten Hippie-VW-Bus meiner Mitschülerin Amanda, als ich mit ihr die Schule schwänzte. Weil ich so unfassbar Angst hatte, dabei erwischt zu werden, hätte ich mich vor Aufregung beim ersten Mal fast übergeben. Das Auslandsjahr gipfelte darin, dass ich mir in einem Tattoostudio in San Francisco ein japanisches Schriftzeichen auf das linke Schulterblatt tätowieren ließ, da war ich zarte siebzehn Jahre alt. Keine Sorge, ich habe es mittlerweile bestimmt zwanzigmal verifizieren lassen: Das Tattoo heißt nicht »Ente süß-sauer«.

Zurück nach St. Gregory, so heißt die katholische Kirche, die in Clark's Summit, einem Vorort von Scranton im Bundesstaat Pennsylvania, nur eine von vielen christlichen Gemeinden ist. Zu meinem großen Erstaunen sind trotzdem immer alle Kirchenbänke gefüllt. Hinter dem Altarbereich ist im Kirchenraum ein riesiges Beet angelegt, in dem unterschiedliche Bäume gepflanzt sind. Dahinter fällt das Licht durch raumhohe Fenster. Ein Wohlfühlort.

Am Anfang meiner Zeit bei den Baruffaldis, so heißt meine Gastfamilie, schweifen meine Gedanken häufig während des Gottesdienstes ab. Das liegt sicherlich auf der einen Seite an der frühen Uhrzeit, aber auch an dem Englisch, das für mich einen fremden Klang hat, da es nichts mit der Alltagssprache zu tun hat. Oft wandern meine Augen hinter den Altar von Baum zu Bäumchen und zu den Sonnenstrahlen, die durch die Glaswand leuchten. Ich denke zwischendurch an zu Hause oder daran, was ich am nächsten Tag anziehen werde, wenn ich in die Schule gehe. Und ob mich der coole Quarterback der Schul-Footballmannschaft eigentlich cool findet. Manches Mal aber auch an den heiligen Gregory. Gregor »der Große«, der fast 700 Jahre nach seinem Tod im Jahre 1295 heiliggesprochen wurde, den Patron dieser Kirche, der Bergwerke, des Chor- und Choralgesanges, der Gelehrten, Lehrer, Schüler, Studenten, Sänger, Musiker, Maurer, Knopfmacher (und, da bin ich mir sicher, auch für die nicht männlichen Vertreter*innen all dieser Zünfte). Außerdem wirkt Gregory gegen Epilepsie, Gicht und Pest, war bekannt für seine down-to-earth

Predigten und seine Direktheit. Seine Attribute sind ein Buch, eine Taube und die Tiara, eine eindrucksvolle Papstkrone. »Alle Geschöpfe sind die Fußspuren Gottes«, soll er gesagt haben. Das ist eins der schönsten Bilder, die jemals für den Glauben gemalt worden sind, finde ich!

Jetzt schrecke ich hoch. Ein paarmal rumpelt es heftig, als die Kniebänke gleichzeitig umgeklappt werden und alle Anwesenden zum Gebet niederknien; »Bumm, bumm, bumm«. Das Niederknien ist mir nicht fremd, schließlich war ich bis zur 10. Klasse auf einem katholischen Gymnasium. Doch ich schere aus, obwohl ich doch eigentlich beschlossen habe, dazugehören zu wollen. Jedes Mal, wenn alle in die Knie gehen, stehe ich als Protestantin mit zitternden Knien und Kaltschweiß auf der Stirn zum Gebet auf – wissend, dass ich die Einzige in der ganzen Kirche bin. Und ich bin mir fast sicher, dass Carl, mein Gastvater, jedes Mal einige seiner kostbaren Gebetsminuten dafür verschenkt, darum zu bitten, dass ich mich endlich hinsetze. Gesagt hat er dazu niemals etwas. Während der Eucharistiefeier nehme ich meine Beine zur Seite, sodass Carl an mir vorbei nach vorne gehen kann, um die heilige Kommunion zu empfangen, Wein und Hostie. Jedes Mal schaut er mich an und fragt: *»Don't you wanna go?«*

Und ich antworte: *»I am not allowed to.«*

Darauf erwidert er mit Blick auf den Priester: *»Well, he doesn't know!«*

»That is not the point!«, sagte ich in großer Zuverlässigkeit an jedem Sonntag. Carl geht dann immer alleine nach vorne. Wenn er wieder zurückkommt, lasse ich ihn auf der anderen Seite der Bank wieder hinein, ziehe meine Füße nach hinten, damit er die Kniebank noch einmal umklappen kann, und lächele ihn an.

Carl ist mein amerikanischer Papa. Er sorgt und kümmert sich um mich (und verbietet deswegen auch das eine oder andere), traut mir viel zu und ist oft stolz auf mich. All das, was eben zum Aufgabenprofil eines Vaters gehört.

Jahre später, als ich meine Gastfamilie wieder einmal im Sommer besuche, schreibt er mir das Familienrezept der Pastasoße auf, die ich so sehr mag. Währenddessen hängen im ganzen Haus auf Kleiderbügeln selbst gemachte Spaghetti zum Trocknen. Ich glaube, mehr geht nicht.

Das Abendmahl, so nennen es die Protestant*innen in Erinnerung an die Tageszeit, in der Jesus einst mit seinen Jüngern in Jerusalem zusammensaß, beziehungsweise die Eucharistie wird mit Brot und Wein gefeiert. Wobei es in der heutigen Zeit selten Brot ist, das geteilt wird, sondern meistens diese nicht besonders schmackhaften Oblaten, die besser dafür geeignet sind, unter einem großen saftigen Lebkuchen zu kleben anstatt viel zu früh an einem Sonntagmorgen am kulinarisch-jungfräulichen Gaumen. Und noch viel seltener wird heutzutage Wein gereicht, um die etwas muffig schmeckende Oblate vom Gaumen zu lösen, meistens ist es Traubensaft. Es geht darum, das Abendmahl für alle möglich zu machen, auch für diejenigen, die keinen Alkohol trinken, Medikamente nehmen müssen, eine Glutenunverträglichkeit haben – oder warum auch immer Wein und Brot nicht zu sich nehmen dürfen.

In der katholischen Kirche glaubt man, dass sich die Substanz der konsekrierten, also in den Dienst Gottes gestellten Hostie und des Weines tatsächlich während der Eucharistiefeier in die Substanz des Leibes und Blutes Christi verwandelt. In den meisten evangelischen Kirchen ist das Abendmahl eine symbolische Handlung. Dieses unterschiedliche Verständnis führt zu ganz schön viel Hickhack. Katholische Christ*innen dürfen zwar in evangelischen Kirchen am Abendmahl teilnehmen, es »zählt« aber angeblich nicht, weil die evangelische

Pastorin beziehungsweise der Pastor ja nicht im Sinne der katholischen Kirche anständig geweiht sind.

Protestant*innen dürfen im katholischen Gottesdienst nicht an der Eucharistiefeier teilnehmen und die Oblate empfangen – den Wein bekommt ohnehin nur der katholische Priester gereicht, der stellvertretend für alle davon trinkt. Evangelische Christ*innen bekommen stattdessen in der Regel vom katholischen Priester Segen gespendet. Ausnahmen werden inzwischen öfter gemacht, aber in der Regel gilt eigentlich, dass ausschließlich Katholik*innen zur Eucharistiefeier zugelassen sind – außer wenn es für Christ*innen der anderen Konfession wirklich keine andere Möglichkeit gibt, das Abendmahl zu empfangen. Aber auch dann nur, wenn man frei von schwerer Sünde ist. Oder in Todesgefahr. Puh. Kaum zu fassen, wenn man kein Insider ist.

Da das alles für mich damals viel zu kompliziert ist, ich mich in den Momenten, in denen ich mit Carl die Messe besuche, bisher nie in Todesgefahr gewähnt habe und das mit den schweren Sünden noch nicht abschließend für mich geklärt ist, bleibe ich immer sitzen, wenn er nach vorne geht. Sicher ist sicher. Auch wenn der Priester da vorne gar nicht weiß, dass ich die »falsche« Konfession habe. Ich will das Abendmahl nicht von jemandem empfangen, der es mir vermutlich nicht geben würde, würde er mich näher kennen. Denn wie viel ist so ein Abendmahl wert, das mit einer ganz anderen Intention ausgegeben wird? Aber ist es am Ende vielleicht doch einfach total egal, weil Gott das alles schlussendlich für uns sortieren und richtig entscheiden wird?

Nach dem Gottesdienst fahren Carl und ich immer zum *Gourmet Family Restaurant,* wo auf den Tischen kleine Jukeboxen stehen und die gute Donna anständigen Filterkaffee ausschenkt. Dort essen wir *Eggs Benedict* und warten auf meine Gastmutter und meine Gastschwestern, die nie mit in die Messe gehen, weil sie nicht katholisch sind. Der Sonntagmorgen gehört Carl und mir.

Über zwanzig Jahre später fliege ich das erste Mal mit meiner Mama in die USA. Endlich lernt sie die »andere« Familie kennen. Auch meine Mama soll die *full experience* bekommen und fährt deshalb gleich am ersten Sonntag nach unserer Ankunft mit zur Kirche. Wegen des Jetlags ist das frühmorgendliche Aufstehen kein Thema, wir sind sowieso ein wenig »durch«. So sitzen wir in aller Frühe geschniegelt und gestriegelt bei Carl im Auto und erreichen die Kirche um kurz vor acht Uhr. Ich bin in liturgischem, knalligem Lila gekleidet, es ist schließlich kurz vor Ostern, und ich weiß: Damit werde ich mit großer Sicherheit auffallen. Mama bestaunt die Bäumchen hinter dem Altar, die großen Fenster, die Masse an Menschen, die um diese Uhrzeit bereits in den Kirchenbänken versammelt ist, und sie lobt die professionelle musikalische Gestaltung. Zwei Jahrzehnte habe ich mir ausgemalt, wie ich Mama das alles zeigen werde, wenn wir zusammen hier sind. Wir hören eine knackig-kurze Predigt über den Satz »Wer ohne Sünde ist, der werfe den ersten Stein« mit einer wirklich dramaturgisch gut gesetzten Pointe. So weit läuft also alles nach Plan.

Kurz vor Beginn der Eucharistiefeier beugt sich während eines Liedes eine Lady vom Mittelgang aus in unsere Reihe und sagt etwas zu uns, das ich akustisch nicht verstehe. Trotzdem lächele ich ihr freundlich zu, nicke und lehne mich danach wieder zurück, um lautstark mitzusingen. Was ich nicht weiß, ist, dass ich uns beide mit meinem die Unsicherheit überspielenden Nicken aus Versehen freiwillig gemeldet habe. Im nächsten Moment kommt die Frau wieder auf uns zu, dieses Mal mit einem Tablett Hostien und einem großen Kelch Wein. In diesem Moment wird mir schlagartig bewusst, dass ich anscheinend zugestimmt habe, dass meine Mama und ich die Gaben nach vorne zum Altar bringen. Aus dieser Nummer gibt es jetzt keinen Weg mehr raus, Protest ist keinesfalls angebracht.

Carl hat Schweiß auf seiner Stirn, als er aufsteht, damit wir »die Gaben« übernehmen können. Zu dritt laufen wir, etwas peinlich berührt, den Mittelgang hinunter. Ich vorneweg, den Kelch in der Hand tragend, nicht wissend, ob wir wie bei einer Polonaise nun hintereinander oder doch besser nebeneinander laufen sollen. Dahinter kommt meine etwas Unverständliches fluchende, aber stets lächelnde Mutter mit dem Tablett voller Hostien in der Hand. Carl läuft in gebückter Haltung hinterdrein, ohne wirkliche Aufgabe. Wahrscheinlich hat er das beunruhigende Gefühl, dass etwas aus dem Ruder laufen könnte. Und er will uns diesen Weg nicht alleine gehen lassen, vielleicht auch, um im Notfall eingreifen zu können.

Ich drehe mich kurz um und sage leise, aber bestimmt: »Einmal Gastro, immer Gastro, Mama! Wir bringen den Wein überall an jeden Tisch!«

Vorne beim *Father* angekommen weiß ich nicht, was ich jetzt machen soll. Deshalb vollführe ich zunächst einen unbeholfenen Knicks und lächele. Dann zwinkere ich dem Mann, der augenscheinlich auch etwas unsicher ist, was nun als Nächstes passieren wird, zu, deute auf mein knalllilafarbenes Outfit und dann auf seine fast gleichfarbige Stola. Dabei flüstere ich ihm leise *»Fashion Twins!«* zu, übergebe ihm den Kelch und lasse meine Mutter vortreten. Auf dem Rückweg zur Bankreihe gickern meine Mama und ich etwas albern, weil die ganze Situation einfach nur skurril ist.

Niemand ist in irgendeiner Form ernsthaft verletzt worden, die Gaben sind in den richtigen Händen gelandet, doch zwei Protestantinnen waren hier sehr unfreiwillig auf Abwege geraten und hätten fast für einen Eklat gesorgt.

Auch wenn ich am Anfang des Buches geschrieben habe, dass ich manchmal zu Übertreibungen neige, wenn sie dazu dienen, die Erzählung unterhaltsamer zu machen – an dieser Geschichte ist wirklich alles wahr!

Hinterher beim Kirchenkaffee treffe ich an der Kaffeemaschine auf den bereits abgetakelten, sprich in Zivil gekleideten *Father*. Er dreht sich zu mir um und sagt: »*Carl told me, you were coming, so good to have you back after all these years. Oh and by the way, I really like your outfit!*«

Als wir nach dem Diner im *Gourmet Family Restaurant* nach Hause fahren, sagt meine Mama, ihr würde so etwas tatsächlich häufiger passieren. Schon so manches Mal hätte sie sich plötzlich in den unmöglichsten Situationen befunden, weil sie von der Liturgie völlig überrumpelt gewesen sei. Die Vorstellung, wie meine Mama auf einmal auf der Kanzel steht und eine Andacht hält, finde ich höchst amüsant.

Spannend, welch eine Macht liturgische Formen im Gottesdienst haben – dass sie uns einerseits Halt und Orientierung geben, manchmal sogar das Gefühl des Nachhausekommens – aber dass sie uns auch, wie meine Mama, andererseits gelegentlich überfordern. Vielleicht auch, weil Rituale nicht hinterfragt werden.

Wenn meine Mama und ich uns an diesen Morgen in der Kirche erinnern, müssen wir jedenfalls immer lachen.

Sobald ich einen Kirchraum betrete, habe ich das Gefühl, dass ich ganz anders offen bin und meine Seele irgendwie aufatmet.

Spätestens beim Segen weine ich, ganz egal ob es mir gerade gut oder schlecht geht, darauf können sich alle verlassen.

Ich finde in jedem Gottesdienst meinen Gott! Ja, in jedem. Ich nehme auch aus dieser katholischen Messe etwas von Gott mit.

Ganz wichtig ist die gemeinsame Zeit mit Carl gewesen. Wir sind so unterschiedlich: konfessionell, spirituell, politisch. Ich habe in dem Jahr gelernt, dass Haltungen und Meinungen in Koexistenz irgendwie überleben können, wenn man sich lieb hat. Und ich hatte diese Familie unglaublich lieb und sie mich. So haben wir gelernt, aneinander zu wachsen.

Das, was uns stark unterscheidet, müssen wir aushalten. Dazu sind wir weiterhin fest entschlossen. Natürlich geraten wir bei vielen Themen aneinander, wenn wir uns sehen. Manchmal diskutieren wir dann recht unbeholfen und sagen Dinge, die den anderen verletzen. Einfach, weil wir es nicht besser wissen. Anschließend trinken wir manchmal ein paar Gläser Martini, rauchen zusammen auf der Veranda eine Zigarre und fallen uns in die Arme, während wir uns sagen, dass es sich noch nie so gut angefühlt hat, mit jemandem völlig anderer Meinung zu sein. Der eigentliche Gottesdienst ist, dass Carl und ich nebeneinander in der Kirchenbank sitzen – bei all unserer Verschiedenheit. Wir feiern Gott und unsere Verschiedenheit!

Wie klingt ein Leben im Dunkeln?

Wenn man meine Körpergröße mit der meiner Eltern vergleicht, bin ich recht klein geraten. Meine Mutter ist um die 1,83 Meter groß, mein Vater 2,02 Meter. Ich bin »lächerliche« 1,78. Auch meine »kleine« Schwester überragt mich um einen halben Kopf. Dabei bin ich größer als die deutsche Durchschnittsfrau. Beim Kleiderkauf sitzt die Taille immer zu hoch, Jeans sind meist nicht lang genug und Ärmel immer zu kurz.

Bei meiner Geburt war ich extrem klein und schmal, brachte bei 49 Zentimetern nur 2400 Gramm auf die Waage. Als meine Großeltern mütterlicherseits zur ersten »Puppvisiet« ins Auricher Kreiskrankenhaus kamen, sagte mein Opa mit Blick auf mich: »Ik glööv, de kriegt ji nich dör.« – als wäre ich eins der frisch geborenen Fohlen, das er sich ganz genau beschaut, um zu sehen, ob es die nächsten 24 Stunden überlebt. Wie du siehst, habe ich es geschafft! Auch wenn in der Retrospektive Opas unverblümtes Urteil über meine Kümmerlichkeit fast schon prophetisch zu sein schien, wenn man betrachtet, wie sehr ich in den folgenden Jahren gekämpft habe.

Bis zu meinem dreizehnten Lebensjahr war es durchaus eine Herausforderung, mich im Blumencenter in Wiesmoor in der Abteilung mit den Rankstäben sofort wiederzufinden, so dürr war ich.

Als Baby war ich so klein, dass ich in den Trompetenkoffer meines Vaters hineinpasste, und tatsächlich wurde ich damals häufiger einmal in diesen Koffer hineingelegt, der mit Samt ausgeschlagen und schön kuschelig war. Vielleicht liegt es auch an dieser musikalischen Vorprägung, dass ich heute eigentlich am besten schlafen kann, wenn es um mich herum tierisch laut ist. Je mehr Trubel, desto besser.

Zehn Jahre lang habe ich auf der Bühne Witze darüber gemacht, dass ich dadurch zur Musik gekommen sei – und auch zu meiner Schwerhörigkeit. Dabei habe ich dann auch noch einen obendrauf gesetzt und erzählt, dass ich mich deshalb im Dunkeln besonders gut orientieren und bis heute in abgedunkelten Räumen durch das bloße Abtasten von Blasinstrumenten erfühlen kann, wann und was das letzte Mal darauf gespielt worden ist.

Es löst in meinem Bauch ein mulmiges Gefühl aus, wenn ich daran denke, wie leicht mir das jeden Abend auf der Bühne über die Lippen gekommen ist.

*

Im Frühjahr 2022 bekam ich die Diagnose »Diabetische proliferative Retinopathie«. Das bedeutet, dass ich vermutlich irgendwann erblinden werde. Scherzhaft könnte man sagen, dass ich nicht unbedingt sehenden Auges sterben werde, wenn ich in den nächsten Tagen keinen Unfall habe. Und das habe ich nicht vor. Wann es so weit sein wird, dass ich blind bin – und ob es am Ende auch wirklich passiert –, das wissen weder ich noch die behandelnden Ärzt*innen so ganz genau. Seit der Diagnose, die bei einer reinen augenärztlichen Routineuntersuchung für mich aus heiterem Himmel kam, habe ich ungefähr dreißig Laser-OPs gehabt, die diesen Fortschritt der

Erkrankung verlangsamen sollen. Weitere sollen folgen. Die Operationen sind sehr anstrengend und schmerzhaft. Anschließend kann ich nicht besser sehen als vorher, aber die Eingriffe können mich eventuell vor dem Schlimmsten bewahren. Das alles ertrage ich irgendwie mit Fassung. Es hat sich keine große Decke aus Angst oder Verzweiflung auf mein Gemüt gelegt, und ich hatte bislang auch noch keine panischen Heulmomente. Das ist mir selbst unheimlich. Ein halbes Jahr nach der Diagnose ging es mir sogar besonders gut; ich fühlte mich getragen und fast lichtdurchflutet.

Die Situation, dass etwas gesundheitlich Dramatisches passiert, ich viel in Krankenhäusern abhänge, unfassbar viel organisiert und neu gelernt werden muss, war mir ja nicht neu. Doch die mitleidigen, sorgenvollen Blicke der Menschen, die von meiner Erkrankung und der Diagnose erfahren, zeigen mir jedes Mal, dass es okay gewesen wäre, emotional viel tiefer zu fallen. Meine Mama sagt immer, man solle die Katastrophe erst genießen, wenn sie eintritt. Nicht bereits vorher.

Kurz nach der Diagnose fragte mich eine Redakteurin des Evangelischen Kirchenfunks, ob ich bereit wäre, über all das eine Reportage zu drehen. Erst habe ich gedacht, dass ich das eigentlich nicht machen kann – weil das Ganze viel zu nah ist und viel zu persönlich. Dann aber habe ich gedacht: Was in meinem Leben ist denn nicht nah an mir dran? Jede Kolumne, die ich schreibe, jede Interviewantwort, jede Moderation, jedes Lied erzählt von dem, was mich bewegt. Ich halte mit nichts hinterm Berg und trag mein Herz auf der Zunge. Und so habe ich Ja gesagt.

»Ich bin Annie und ich werde *wahrscheinlich* blind.« Das sind die ersten Worte, die ich am Anfang des Films in die Kamera sage. In der Reportage spreche ich mit Menschen, die im Laufe ihres Lebens erblindet sind, und gehe der Frage auf den Grund, ob man sich auf einen solchen Moment vorbereiten kann.

Der erste Drehtag war besonders aufregend. Ich wusste überhaupt nicht, wo die Reise hingeht, hatte so viele Fragen im Bauch. Wie begegne ich Menschen, die erblindet sind. Kann ich etwas falsch machen? Gibt es Tabu-Fragen? Denn auf alle Fälle will ich mit dem, was ich sage, niemanden verletzen.

Dann stehe ich in Hannover vor einem mehrstöckigen Haus und klingele. Linda öffnet die Tür: Rotblonde, über die Schultern fallende Locken, ein strahlendes, offenes Gesicht. Meine Gastgeberin heißt mich herzlich willkommen, reicht mir zur Begrüßung beide Hände und führt mich in die Küche. Meine Anspannung ist gleich ein bisschen weniger geworden. Beim Kaffee erzählt Linda mir ihre Geschichte: wie sie ihr Leben weitgehend selbstständig führen kann, aber auch, was ihr schwerfällt; an was es fehlt, um es leichter zu haben, wenn sie in der Stadt unterwegs ist. Anschließend zeigt sie mir ihre Wohnung, die sie alleine eingerichtet hat, damit sie auch alles selbst wiederfinden kann. In ihrem Wohnzimmer hängt ein riesiges, signiertes Bild von Mario Adorf. An einer anderen Wand stehen hohe Bücherregale. Als Linda darüber spricht, wie gerne sie früher gelesen hat, muss sie ein paarmal tief einatmen. Denn das Lesen ist das, was sie am ärgsten vermisst. Obwohl sie keines der Bücher mehr lesen können wird, hat sie beim letzten Umzug dennoch alle mitgenommen. Wenn sie die Bücher in die Hand nimmt, kann sie fühlen, um welchen Band es sich handelt – und dann erinnert sie sich auch an die Geschichte, die sie einmal gelesen hat.

Anschließend laufen wir durch ihr Wohnviertel und sprechen über das, was sie in ihrem Leben bedauert und betrauert.

Zum Beispiel, dass sie ihrem Sohn keine Unterstützung anbieten kann, wenn es um die Betreuung des Enkelchens geht. Aber Linda erzählt mir auch von der großen Chance, ein zweites Leben zu beginnen.

Es arbeitete nun in meinem Kopf. Was wird mir am meisten fehlen?

Ich will kein zweites Leben. Ich will dieses eine. Das Leben, das ich jetzt führe!

Dann bedankte ich mich bei Linda dafür, dass sie ihre Geschichte mit mir geteilt hat. Das ist nicht selbstverständlich.

Für die Reportage nehme ich an einem anderen Tag auch an einem sogenannten Mobilitätstraining teil. Was für ein Lauf: Mitten im Hamelner Bahnhof bekomme ich von der Trainerin Laura eine Augenbinde in die Hand gedrückt. Als ich sie aufsetze, ist es auf einmal nicht nur dunkel, sondern auch so furchtbar voll und laut um mich herum. Mit einem weißen Langstock versuche ich, mich zu orientieren, die »taktilen Leitsysteme« und die erhabene Schrift auf allen Handläufen wahrzunehmen und so den Weg nach draußen zu finden. Dabei muss ich so viele Dinge anfassen, die ich sehend niemals hätte berühren wollen. Der Verbrauch von Desinfektionsmitteln wird mich später auf alle Fälle in die Privatinsolvenz treiben, fürchte ich.

»Blind sein«, wie fühlt sich das an? Ich lausche in die Welt, die mich umgibt, hinein: Wie klingen die Signalsteuerungen von Ampeln, die es extra für Menschen mit einer Sehbehinderung gibt, oder Menschen, die mir zu nahe kommen? Was befindet sich links oder rechts von mir?

Wie klingt ein Leben im Dunkeln? Das zu erleben ist viel schwerer für mich, als ich es vorher erwartet habe. An diesen Moment damals im Bahnhof von Hameln muss ich oft denken. Da ist eine diffuse, nicht ganz greifbare Angst, dass die

Welt um mich herum einfach verschwindet, wenn es so weit ist: Ich bin blind, und die Welt ist weg.

Ein Freund sagte zu mir – gut gemeint, aber etwas unbeholfen –, dass es immer noch besser sei, nichts mehr sehen zu können, als das Gehör zu verlieren, wenn man Musikerin sei. Ich würde doch bestimmt, wenn ich wählen könnte, sagen: »Nehmt mir das Augenlicht, mein Gehör brauche ich noch wegen der Musik!«

Aber ich habe nicht die Wahl. Und jeder Verlust eines Sinnes bedeutet eine massive Veränderung im Leben. Es würde mir persönlich helfen, wenn Menschen die große Herausforderung, in der ich stecke, ohne Abstriche wertschätzten. Irgendwelche Gedankenspiele, herunterspielende Vergleiche und Tipps nach dem Motto: »Im Vergleich zu x geht es dir doch noch bestens« oder: »Schau, ob du dem Ganzen nicht doch etwas Gutes abgewinnen kannst«, die helfen nicht. Anteilnahme und das Wahrnehmen dieser Herausforderung, das tut mir meist gut. Aber ehrlicherweise bin ich manchmal auch total froh, wenn ich einfach gar nicht darauf angesprochen werde. Denn ich ertappe mich schon dabei, wie ich die immer gleich formulierten Antworten gebe und sich eine Routine einschleicht, die das ganze Debakel in eine erträgliche Distanz schiebt.

Jedenfalls bin ich an diesem Tag in Hameln sehr erleichtert, als ich die Augenbinde wieder abnehme, denn die Situation des »so tun, als ob« hat mich ganz schön gefordert. Ich fühlte mich dem Ganzen ausgeliefert und irgendwie auch ohnmächtig. Doch die Gefühle der Überforderung müssen ganz schnell weggedrückt werden, denn schließlich soll die Reportage weitergedreht werden. Ich atme einmal tief durch und lasse mir dann zeigen, wie ich andere Menschen dabei anleiten kann, mir in schwierigen Situationen zu helfen, Uff. So könnte es also sein …

Nach einer kurzen Fahrt mit dem Produktionsbulli zurück nach Hannover treffe ich auf Martin, der mich sofort mit einem Witz über seine Blindheit begrüßt und auch im anschließenden Gespräch immer einen lustigen Spruch auf den Lippen hat. Seine Leichtigkeit tut mir einerseits gut, setzt mich aber auch unter Druck. Muss ich trotz einer Verzweiflung, die sich später einstellen könnte, genauso mit dem Blindwerden umgehen? Darf ich auch fluchen und »Scheißdreck!« brüllen, oder wird von mir erwartet, dass ich das schon alles gut wegstecken werde? Oder hab ich das bisher ausschließlich von mir erwartet?

So offen über all das zu schreiben und diese Reportage über meine eigene Erkrankung gedreht zu haben, ist Fluch und Segen zugleich. Fluch, weil es nun so viele wissen und mich deshalb in der Kultur- und Medienbranche, in der ich beruflich unterwegs bin, abschreiben könnten. Dass sie mir nichts mehr zutrauen und vielleicht sogar Angst haben, mich mit einer Buchung für ein Konzert zu belasten. Oder: Dass man mich ausschließlich wegen der Augengeschichte einlädt und all das, wofür ich mich nun schon so lange als Künstlerin abgearbeitet habe, unwichtig ist. Doch all das ist bislang nicht eingetreten. Meine Entscheidung, mit meiner Erkrankungen so offen umzugehen, ist letztlich ein Segen; und kein kleiner. Denn egal wo ich hinkomme, wissen viele Menschen einfach bereits, was mit mir los ist, und haben sich darauf eingestellt. Wege hinter und auf Bühnen sind gut ausgeleuchtet und mit so wenig Stolperfallen wie möglich gespickt. Niemand erwartet von mir, dass ich schwere Dinge wie Tische, Stuhlreihen oder Verstärkerboxen anhebe und durch die Gegend bewege. Und weil die Menschen das Mobilitätstraining in der Reportage gesehen haben, werden mir unverhofft Ellbogen entgegengestreckt, nach denen ich greifen kann, wenn ich mich unsicher fühle.

Hinzu kommt, dass ich selbst versuchen kann, als Betroffene anderen Menschen, die in einer ähnlichen Situation sind, Mut zu machen. Über diese Erkrankung aufzuklären, mich dafür einzusetzen, dass Betroffene Unterstützung bekommen. Alarm zu schlagen in der Diabetes-Community, damit alle meine Dia-Buddys zu den eigentlich jährlichen Kontrolluntersuchungen der Augen gehen. Denn das ist so wichtig! Bei mir ist es auch bei einer routinemäßigen Untersuchung entdeckt worden, ich selbst habe bis dahin nichts gemerkt.

Die Wellen schlagen in meinem Leben gerade mal wieder hoch, und der Grund unter mir scheint dunkel und unheimlich. Der Kurs, den ich gerade steuern muss, ist schwierig, und es gilt angesichts all der Herausforderungen, nicht panisch mein Segel hin und her zu reißen. Ganz sicher werde ich mich auf diesem Törn verändern, möglicherweise werde ich auch noch einmal eine ganz neue Kraft in mir entdecken. Doch gebraucht hätte ich all das nicht.

Dieses Leben, so wie es ist, das habe ich mir nicht ausgesucht. Ich versuche, trotzig gegen das, was mir als steife Brise entgegenweht und die Tage verleidet, anzukämpfen. Aber ich feiere es zuweilen auch massivst, schwach zu sein. Ich lasse mein Schwach-Sein hochleben! Es tut gut, sich an manchen Tagen einzugestehen: Ich schaffe es heute nicht, zuversichtlich und hoffnungsvoll zu sein. Ich habe keine Kraft für das, was mir die Welt heute entgegenweht, ich lasse das Segel meines Lebensschiffes im Wind flattern und feiere dabei, nicht immerzu über meine Schwäche hinwegzugehen.

So gut kann ich diejenigen verstehen, die manche Dinge einfach nicht können, bei denen wir uns fragen: »Warum?« Bei denen andere sagen: »Das ist doch das Einfachste von der Welt! Mach doch!« Aber es geht einfach nicht.

Wenn ich auf meine ersten Jahre mit Diabetes schaue, dann denke ich häufig, dass ich es ja nicht mal geschafft habe, das Notwendigste zu tun, was es gebraucht hätte, um mich am Leben zu erhalten. Für andere total unverständlich. Mir wurde oft gesagt, ich sei zu faul, um mich um mich und meine Gesundheit zu kümmern.

Faul sein heißt, etwas tun zu können und vielleicht sogar zu müssen, es aber nicht zu tun; eine Anstrengung zu vermeiden oder eben nicht im gesellschaftlich bewerteten Sinne zu funktionieren.

Von uns allen wird Fleiß und eine daraus resultierende Produktivität erwartet. Es wird obendrein davon ausgegangen, dass wir die gleichen Kapazitäten und Fähigkeiten besitzen, viel zu leisten – und dass alle ähnliche Ressourcen zur Verfügung haben.

Aber das ist nicht der Fall. Ich sage: Faul sein gibt es nicht!

Es gibt Gründe, die uns hindern, das zu tun, was von vielen als »normal« angesehen wird. Schaue ich mir stundenlang auf YouTube Katzenvideos an, dann hat meine Psyche sich vielleicht an anderer Stelle bereits völlig verausgabt. Lasse ich lieber jemand anderen für mich laufen, dann brauche ich eventuell Unterstützung, um die Last des Alltags gemeinsam zu tragen. Wasche ich die Berge an Geschirr über Tage nicht ab, sind vermutlich andere Berge zu hoch gewesen, die ich gerade erklimmen musste.

Oft gibt es auf den zweiten Blick eine Erklärung dafür, warum jemand nicht vom Sofa aufsteht: Überforderung, Traurigkeit, Angst, Entmutigung, Erschöpfung.

Es ist wenig hilfreich, jemanden deswegen abzuwerten, ihn als faul zu bezeichnen. Reden hilft oftmals. Warum du oder ich gerade Dinge vielleicht anders, langsamer oder weniger präzise erledigen, als es von uns erwartet wird. Doch da wir meist selbst von uns denken, faul zu sein, und sich dadurch ein Schamgefühl einstellt, reden wir natürlich nicht darüber.

Ich habe in vielen Gesprächen in meinem Freundeskreis die Erfahrung gemacht, dass auch wenn die Hindernisse offensichtlich sind, sie oft für uns einfach nicht zählen, wir sie schlicht nicht als Grund anerkennen.

Warum ich überhaupt darüber schreibe? Ich hoffe, ich kann damit ein paar von denen, die das lesen, den Umgang mit ähnlichen Erfahrungen erleichtern. Die eigene moralische Verurteilung kann einem sehr schwer auf der Brust liegen. Und sie verhindert, dass wir unserer Erschöpfung auf den Grund gehen.

Nach zwei intensiven Drehtagen weiß ich, dass ich nicht wissen will, wie lange es noch dauern könnte, bis ich nichts mehr sehe. Ich will keine weitere, genauere oder gar düstere Prognose und damit durch diese wunderschöne Welt laufen und denken, dass ich dieses und jenes unbedingt noch sehen muss, solange es geht. Doch ein bisschen genauer hinschauen, das tue ich seitdem. Solange ich es eben kann.

Abschied

Meine Berliner Nachbarin sagte einmal zu mir: »Mit dem Weg zum Friedhof ist's das Gleiche wie mit dem Weg zum Klo, wenn's Zeit ist, muss man jehn!« Ich wünsche uns allen, dass es nicht früher an der Zeit ist, als wir wollen.

»Dootbleven« ist Plattdeutsch und bedeutet »Sterben«. Wörtlich übersetzt heißt es eigentlich »tot bleiben«. In Ostfriesland bleibt man tot. Alle anderen fragen sich jetzt wahrscheinlich, ob es denn andere Varianten gibt, wenn man stirbt – dass jemand einfach nicht tot bleibt. Also ich kenne da bisher nur einen, der Mann kam aus Nazareth und hat dem Tod den Wind aus den Segeln genommen. Sozusagen stellvertretend für uns alle – und eben die zentrale Glaubensgrundlage, die Christ*innen die Hoffnung auf die eigene Auferstehung und das »Ewige Leben« schenkt, wie auch immer das aussehen mag.

Als ich zum ersten Mal eine Beerdigung außerhalb Ostfrieslands mitorganisieren musste, sagte ich oft zur Bestatterin: »Also, wir in Ostfriesland…!« Da wurde mir so richtig bewusst, dass in den verschiedenen Regionen die Gepflogenheiten andere sind, wenn es darum geht, jemanden zu beerdigen. Ich merkte auch, wie stabilisierend die Rituale, die mir vertraut waren, auf mich wirkten. Und ich musste der Bestatterin unbedingt davon erzählen. Beispielsweise vom »Inleggen«, also dem Einsargen, einem ostfriesischen Brauch, bei dem alle noch einmal die Möglichkeit haben, am offenen Sarg

Abschied zu nehmen. Puh, das muss man sich natürlich überlegen, ob man diese Tradition für sich beansprucht. Also beide Seiten. Die, die gehen, und die, die bleiben. Das, was früher zeitnah zum Ableben auf der Diele oder in der Stube im Haus der Verstorbenen passierte, findet heute meist im Bestattungshaus statt. Dort wird dann der Sarg aufgebahrt. Manchmal spricht jemand noch ein paar Worte. Je länger ich darüber nachdenke, umso weniger möchte ich das bei meinem Ableben haben. Dass die Nachbarschaft über meine Frisur redet wie über meinen mit großer Sicherheit nicht den sonstigen Ansprüchen entsprechenden Vorgarten, das brauche ich nicht. Außerdem kann ich es selbst ganz schlecht ertragen, einen toten Körper zu sehen. Bei aller Bestattungskunst finde ich, dass man es nie schafft, den Verstorbenen den Tod aus dem Gesicht zu schminken. Mir gefällt aber das gemeinsame Beisammensein bei der Beerdigung, auch der Leichenschmaus mit Tee, Krinthstuut und Butterkuchen. Drollig: Das Wort »Inleggen«, das man mit Einlegen übersetzt, hat in den meisten Regionen eine ganz andere Bedeutung. Bei Einlegen denken die Menschen vielerorts erst einmal an Gurken …

Wir hatten sehr lange in Wiesmoor einen Haus- und Hofbestatter, eine große und in vielerlei Hinsicht auch starke Person. Er hat uns in all den Jahren durch die tiefsten Täler getragen, wenn wir in schweren Momenten Abschied nehmen mussten. Mit seinem Mitgefühl, dem liebevollen Umgang und Respekt für die Toten hat er uns Kraft gegeben. Aber er half vielen, auch uns, natürlich vor allem organisatorisch, denn oft ist in all der Aufregung eines Sterbefalls auf einmal nicht mehr klar, was in welcher Reihenfolge zu tun ist, welche Unterlagen zusammengesucht und welchen Institutionen Bescheid gegeben werden muss. Ich weiß es zu schätzen, wie gut es ist, zu wissen, wen ich anrufen kann, wenn es mal wieder so weit ist. Dann jemanden zu haben, der einem sagt: »Macht euch keine Sorgen, wir kommen.« Dann stellen wir für alle Tee, Taschentücher und Schnaps auf den Tisch.

Opa und Oma sind von unserem Bestatter jeweils am Tag ihrer Beerdigungen auf dem Weg zum Friedhof bei der Kirche an dem Kanal, an dem sie gelebt haben, ganz langsam entlanggefahren worden. Der Leichenwagen hat dann beide Male vor ihrem Haus angehalten, wir sind alle gekommen und haben uns noch einmal verabschiedet.

*

Dass ich überhaupt einmal darüber nachgedacht habe, mir das Leben zu nehmen, grenzt eigentlich an ein Wunder. Denn ich habe großen Schiss vor dem Tod. Mit neun Jahren hatte ich meine erste Panikattacke. Bis heute erinnere ich mich daran. Ich saß mit meiner Mama abends vor dem Fernseher, und wir schauten die Nachrichten. In einem Beitrag wurde gezeigt, wie in einem mir fremden Land Särge und in Stoffen eingewickelte Tote über die Köpfe einer weinenden und klagenden Menschenmenge hinweggereicht wurden. In diesem Moment wurde mir auf einmal bewusst, dass in den Särgen und Tüchern Menschen drin sind. Plötzlich sah ich starre Fratzen und versehrte Körper, konnte kaum noch atmen. In meinem Nacken und auf der Brust wurde es schrecklich heiß, es hat mich so gegruselt wie noch nie zuvor. Ich hatte Todesangst.

Was dann passierte, erinnere ich nicht mehr so gut. Ich muss panisch geworden sein, denn auf alle Fälle rief meine Mutter eine befreundete Nachbarin an, die Psychologin war. Sie kam kurz darauf zu uns. Es hat lange gedauert, bis ich mich beruhigt habe und dann im Bett meiner Mama mit voller

Festtagsbeleuchtung einschlief. In mein eigenes Bett wollte ich keinesfalls, denn die Dunkelheit des Zimmers und der Gedanke, allein zu sein, waren für mich unerträglich.

Danach habe ich nie wieder darüber gesprochen, auch nicht erzählt, dass Panikattacken immer wieder zu Besuch kamen – durch meine ganze Kindheit, Jugend und bis ins Erwachsenenalter hinein. Manchmal habe ich sie schon erwartet, wenn ich kurz vor dem Schlafengehen das Licht ausgemacht habe, andere Male haben sie mich einfach mitten in der Nacht überrumpelt – oder auf dem Fahrrad, auf dem Weg von der Schule nach Hause. Bei schönstem Sonnenschein. Und sogar im Gefühl der größten Behütung, wenn ich mit Oma und Opa auf dem Sofa saß und wir zusammen eine Samstagabendshow schauten. Es war eine diffuse Angst vor dem Sterben, doch eher vor dem Tod an sich. Vor Verwesung. Vor dem Auflösen. Vor dem Nicht-mehr-Sein. Diese irrationale und übermäßige Angst vor dem Sterben und dem (eigenen) Tod. Die Angst vor dem Tod gibt es, seit es die Menschheit gibt. Sie bekommt einen pathologischen, also krankhaften Wert, wenn sie nicht in Situationen einer akuten Gefährdung des eigenen Lebens auftritt und nicht nur ein mulmiges Gefühl verursacht, sondern das tägliche Leben der Betroffenen stark beeinträchtigt. Sie kann sich beispielsweise in Panikattacken und anderen Angststörungen äußern.

Ich habe davon niemandem erzählt, dass ich solche Attacken hatte, weil ich mir sicher war, dass mir keiner helfen könnte. Denn schließlich würde auch niemand meinen Tod verhindern können. Keiner würde sagen: »Hey, wir haben den Tod abgeschafft; machen wir nicht mehr. Es ist kein tragfähiges Konzept, es hat sich einfach nicht bewährt.« Jedenfalls lag es für mich außerhalb meiner Vorstellungskraft, dass meine Angst verschwinden könnte.

Ganz schön düster hier. Ich möchte an dieser Stelle schon einmal spoilern, dass dieses Elend mit der Angst auf den folgenden Seiten irgendwann ein recht gutes Ende nimmt, denn ich ich befürchte, dass du sonst keinen Bock hast weiterzulesen.

Aber erst einmal weiter mit der trüben Suppe: Lange Zeit habe ich mich nicht mit meinem Problem näher auseinandergesetzt. Es hat mich an dunkle Orte gebracht, in Situationen, aus denen ich selbst kaum mehr herauskam.

Bin ich eigentlich eine schlechte Christin, weil ich solch eine große Angst vor dem Tod habe, obwohl ich doch eigentlich glauben sollte, dass der Tod nicht das letzte Wort hat? Wegen Jesus, Auferstehung, Sieg über den Tod, ewiges Leben – Osterbotschaft halt. Und ich mach mir ins letzte Hemd.

Vielleicht bin ich aber auch eine gute Christin, denn ich liebe Gottes Geschenk des Lebens. Deswegen fällt es mir wohl so schwer, einem Ende entgegenzusehen. Weil ich so gerne lebe, kann ich doch auch eine Scheißangst vor dem Tod haben! Und ich sollte endlich damit aufhören, mir selbst die Frage zu stellen, ob ich eine gute oder schlechte Christin bin. Das führt zu nichts. Ich darf annehmen, dass Gott mich lieb hat, so wie er mich geschaffen hat. Mit all den Zweifeln und all der Angst.

Ganz ist das mit der Todesangst jedoch auch heute noch nicht ausgestanden. Manchmal liege ich nachts schweißgebadet wach, kann mich kaum bewegen, und die Hitze kriecht wieder den Nacken hoch. Doch ich habe ein so richtig bescheuertes Mantra, das mich tatsächlich aus der Schockstarre holt. Und das ist der Satz: »Das hat doch jeder schon geschafft!« Also das mit dem Sterben, das Totsein.

Es gibt keinen Menschen, der jemals auf dieser Erde gelebt hat, der nicht irgendwann sterben musste. Alle haben es irgendwie geschafft. Na gut, bis auf Jesus. Obwohl, auch der musste erst einmal sterben, bevor er wiederauferstehen konnte.

Dass ich nicht die Einzige bin, die sterben muss, ist natürlich keine besonders clevere Erkenntnis. Aber das Mantra, der Satz, den ich mir selbst wieder und wieder sage, hilft mir tatsächlich, wenn ich wieder einmal eine fiese Panikattacke habe.

Leider bin ich erst mit Anfang dreißig darauf gekommen, die Gewissheit, dass es am Ende gut wird, so oder so, hätte ich mir früher gewünscht. Doch ich glaube, sie kam »spätestens rechtzeitig«, wie wir es in unserer Familie sagen. Oft ist es doch so, dass wir inmitten unserer Angst einfach nur den Kopf in den Sand stecken wollen. Doch davon geht sie halt nicht weg. Und ich glaube, genauso, wie hinter jeder gedanklichen Ecke die Angst lauern kann, kann auch hinter jeder weiteren Biegung ein Hoffnungsschimmer warten. Es gilt, danach Ausschau zu halten. Das Wichtigste ist jedoch, das hat meine Mama schon immer gesagt, und ich erzähle es häufig auf der Bühne, denn ich habe schließlich eine Verantwortung, wenn ich da oben stehe: »Immer einen frischen Schlüppi anziehen, denn du weißt nie, wann dich etwas den Kopf kostet.«

Doch wie sieht es denn eigentlich aus im Jenseits, Paradies, Himmel, in der Nachwelt oder der Ewigkeit? Ist es die große Party, die ich mir wünsche?

In Oldenburg gibt es ein wunderbares Puppentheater, das Laboratorium. Ein zauberhafter Ort. Ich habe dort so einige Male *Die Bremer Stadtmusikanten* erlebt. Wider Erwarten spielt dieses Stück nicht in Norddeutschland, sondern an einer Grenzstation im Balkan. Dort tauchen auf einmal ein Esel, ein Hund, eine Katze und ein Hahn auf. Sie sind auf der Reise und wollen ins paradiesische Bremen, wo alles Graue bunt ist. Doch an der Grenze patroullieren Grenzbeamte, und so werden die vier aufgehalten. Dann erzählen sie von ihren Träumen, Wünschen, Fragen und Schmerzen.

Eine Szene ist mir besonders in Erinnerung geblieben: Der Moment, in dem die Katze schaut, wie es auf der anderen Seite aussieht. Die hintere Kulissenwand öffnet sich einen Spalt weit, und es fliegen Federn.

Katze: »Meine Güte, is dit katholisch.«

Grenzbeamter: »Wir haben ausgerechnet den katholischen Eingang erwischt.«

Katze: »Is dit immer so bei den Katholiken mit den Federn?«

Grenzbeamter: »Ja. Wird man nie wieder richtig los. Immer viel Trallafiti bei den Katholiken.«

Ist also das Dasein danach vielleicht einfach so, wie man es sich zu Lebzeiten vorstellt? Das wäre schön.

Jesus hat zu seinen Jünger*innen gesagt: *In meines Vaters Hause gibt es viele Wohnungen. Wenn es nicht so wäre, hätte ich dann zu euch gesagt: Ich gehe hin, euch die Stätte zu bereiten. Und wenn ich hingehe, euch die Stätte zu bereiten, will ich wiederkommen und euch zu mir nehmen, auf dass auch ihr seid, wo ich bin.* (Johannes 14, 2–3)[9]

Ein Trost, eine gute Zusage: Da ist genügend Platz für uns alle. Wir werden sogar abgeholt. Herrlich.

Ich habe eine recht kindliche Vorstellung von diesen vorbereiteten Wohnungen. Ein riesiges Haus wartet auf uns, so groß wie ein Wolkenkratzer, nur eben ohne Wolken darüber, eher mit Wolken darunter. Mit aller Wahrscheinlichkeit tue ich Gott mit diesem Bild unrecht, weil meine Vorstellung vom Danach so weltlich und klein gedacht ist. Aber mir gefällt die Vorstellung sehr! Sie hat sich einfach im Laufe der Jahre in mir verfestigt, und ich brauche die Vorstellung von diesem riesigen Haus, das auf mich wartet. Ein bisschen so wie in der *Lindenstraße,* nur halt ohne die ganzen Dramen und Cliffhanger.

Vielleicht die Silvesterfolge, in der sich zum Jahreswechsel alle auf der Straße treffen und Walzer tanzen.

Seit meinem 13. Lebensjahr gab es keine Feier, bei der ich die Kerzen auf dem Geburtstagskuchen auspuste, ohne mir zu wünschen, einfach gesund zu sein. Das Gleiche mache ich übrigens auch, wenn ich eine verlorene einzelne Wimper vom Finger wegblase. Belächelt das bitte nicht. Ich bin ein sehr rational denkender Mensch, der sich gern auf wissenschaftliche Erkenntnisse beruft. Gut, wenn an einem Freitag den 13. eine schwarze Katze von links unter einer Leiter durchläuft, da pflücke selbst ich ein Kleeblatt und klopfe auf Holz, allein für die ganzen Seemänner. So ein bisschen Alltagsaberglaube hat noch niemandem geschadet. Obwohl, wenn ich die Panik in den Augen mancher sehe, wenn sich beim Zuprosten nicht intensiv in die selbigen geschaut wird, bin ich mir unsicher.

Ich wollte jedoch mit meinem Wimpern- und Kerzengepuste einfach keine Unmöglichkeit auslassen. Nichts Weltliches unversucht und Magisches nicht ausgeschöpft lassen, denn vielleicht erhört ja das Universum meinen Wunsch, gesund, einfach heil zu sein.

Und so ein bisschen hat es ja auch funktioniert. Schließlich haben in der Zeit, in der ich Diabetes habe, unfassbar intelligente und neugierige Menschen, die krasseste Technik und Algorithmen erfunden, so dass ich mich wenigstens so fühle, als hätte ich weniger Diabetes. Da hängt jetzt eine kleine Maschine an mir, die durch eine Leitung mit meinem Körper verbunden ist, mir Insulin verabreicht, mit einem Blutzuckersensor an meinem Arm kommuniziert und eigene Therapieentscheidungen trifft. Da ist die Technik an Bord von *Raumschiff Voyager*, der Serie, die ich in den Neunzigern mit großen Augen verschlungen habe, doch Pipifax dagegen. Allerdings habe ich die Serie auch nie wegen der Technik geschaut, sondern wegen Kate Mulgrew als Captain Kathryn Janeway.

Natürlich ist einer meiner größten Wünsche und Hoffnungen, dass meine körperlichen Gebrechen irgendwann im Himmel, in dem riesigen Haus, einfach nicht mehr da sind. Ich wünsche mir aber ja jetzt schon im Leben auf dieser Erde einen gesunden Körper. Ich möchte es einmal erleben, in einem gesunden Körper zu sein, der Kraft für alles hat, was er tun will. Dass ich Treppen nach oben rennen kann und dabei genügend Luft bekomme, nicht mehr in Angst- und Verhungerungszustände gerate. Ich habe eine klare Wunschvorstellung vom Himmel: maximales Heilsein.

Nachträge

1. Sprache hat eine große Macht. Sollte ich auf einer Seite dieses Buches Worte benutzt haben, die verletzend, nicht-inklusiv, kränkend, unumsichtig sind, meldet euch gerne bei mir. Ich versuche jeden Tag dazuzulernen.

2. Ich habe die Liste meiner persönlichen Waterloo-Momente gelöscht. Beim Schreiben dachte ich, wie doof muss man sein, sich eine Liste von Momenten anzulegen, in denen es einem nicht gut ging und das Gefühl des Versagens überirdisch groß war.

3. Habe nun ein Zuhause.

4. Hollt jo fuchtig.

Danksagungen

Manuela Stadtlander-Lüschen, meine Patent-Ante, Danksagungen an dich könnten Bücher füllen; Insina Lüschen für unerschütterlichen, kompromisslosen Aktivismus, Tomke & Joscha für mein Patenkind, dem ich alles zu erklären versuche; Vanessa Maurischat für alles, speziell dafür, dass sie mich während des Schreibens *Thomas Mann* genannt hat, ich sie Katia nennen durfte und sie auf unsere imaginären Kinder aufgepasst hat.

Allen Zeug*innen für den offenen, respektvollen Austausch in Innenstädten und Bahnhöfen. Mama, dafür, dass sie mir alles zutraut, Papa für mein »Sein und Werden«, Oma Elfriede & Opa Ubbo für Geborgenheit, Oma Almut für die nicht endende Bücherleidenschaft & Opa Henry für die ausschmückende

Erzählkunst. Der Weihnachtsfamilie, meine für immer bleibende Bank, den Baruffaldis für mehr als nur Pastasoßenrezepte, Steffi fürs Einfach-Freundin-Sein, Yared Dibaba fürs Alles-so-viel-leichter-Machen, Vanessa Dreyer dafür, dass ich durch dich angefangen habe, über meinen Glauben zu sprechen. Sabrina Schubert, Sandra Bils, Max Bode & Chris Schlicht für Ermutigung in allem, Pierre Stutz, weil es ohne dich dieses Buch nicht geben würde – Deutsche Bahn, ohne dich vermutlich auch nicht, ich habe jede Verspätung zum Schreiben genutzt; Andre Palloks für Hirn- und Herzentknotung bei der Theodizee, Quinton Ceasar fürs »Mitnanner«-laut-Bleiben, Mo fürs Meine-Überforderung-Aushalten und Stefan Wiesner für mehr Zuckerbrot als Peitsche, das Sich-auf-mich-Einlassen, Sven Kamin für die Gurkensuppe.

Anlaufstellen, wenn du Hilfe brauchst

»Nummer gegen Kummer« für Kinder und Jugendliche
0800 / 111 0 333 (Mo – Sa 14:00–20:00 Uhr)

»Nummer gegen Kummer« für Eltern
0800 / 111 0 550
(Mo – Fr 9:00–17:00 Uhr
Di und Do 9:00–19:00 Uhr)

Info-Telefon der »Deutschen Depressionshilfe«
0800 / 33 44 553

Telefonseelsorge der Evangelischen und Katholischen Kirchen
0800 / 111 0 111 und 0800 / 111 0 222

Diakonie Suchtberatung
(Drogen, Alkohol, Essstörungen, Depression, Medikamente, Zocken, Medien ...)
www.hilfe.diakonie.de/hilfe-bei-sucht

»DRK – Sorgentelefon« für Angehörige von Menschen mit Suchtproblemen
06062 / 607 67 (Fr – So und an gesetzlichen Feiertagen 8:00–22:00 Uhr)

Online-Anlaufstelle zu sexueller, romantischer und geschlechtlicher Vielfalt
»Queer Lexikon«
www.queer-lexikon.net

Quellen

1 »Jo!«, Musik & Text: Insina Lüschen, verlegt bei der kosmopolit music group
2 »Leevde will di finnen«, Text: Annie Heger
3 (1. Korinther 6, 9) Aus: Hoffnung für alle®, Copyright © 1983, 1996, 2002, 2015 by Biblica, Inc.®. Verwendet mit freundlicher Genehmigung des Herausgebers Fontis.
4 »Ik fall seeker«, Musik & Text: Annie Heger, verlegt bei der kosmopolit music group
5 »Welchen Jubel, welch Familie«, Musik & Text: Insina Lüschen, verlegt bei der kosmopolit music group
6 »Konfetti«, Musik: Enno Bunger, Sarah Muldoon & Nils Dietrich, Text: Enno Bunger & Sarah Muldoon, verlegt bei Wintrup Musikverlage & Hamburg 13 Publishing
7 Aus: ebd.
8 »Weil's einen Unterschied macht«, Musik & Text: Insina Lüschen, verlegt bei der kosmopolit music group
9 Aus: ebd.

Foto: Henricus Lüschen

Vita

Annie Heger, Jahrgang 1983, wurde in Ostfriesland geboren. Sie wuchs als eines von sieben Kindern einer Patchworkfamilie auf, zog um die Welt, verlor kurzzeitig ihr Herz in den USA, lebt mittlerweile in Berlin und ist eine erfolgreiche Sängerin, Moderatorin und Schauspielerin auf Hoch- und Plattdeutsch. Sie gilt als eine der bekanntesten Entertainerinnen des Nordens. Oft als Tausendsassa bezeichnet, mischt sie überall mit und sich ein: als Radiokolumnistin der NDR-Kultkolumne »Hör mal 'n beten to«, Buchautorin oder auf der Bühne mit gesellschaftskritischem Kabarett.

www.annieheger.de